AF414109

Travailler en famille

NOÉMIE KEIME

NOÉMIE KEIME

Travailler en famille

Réflexion en 3 étapes pour savoir si l'entreprise familiale est faite pour vous

ISBN : 979-10-699-7544-6

EAN : 9791069975446

Téléchargez le livre audio gratuitement !

Lisez ceci en premier.

Juste pour vous remercier d'avoir acheté mon livre, j'aimerais vous offrir la version livre audio 100 % GRATUITE !

Pour le télécharger, allez sur :

https://bit.ly/3Avdhan

Introduction

Si vous avez acheté ce livre, c'est probablement que vous vous sentez seul(e) dans votre réflexion. Une multitude de questions sans réponses doivent se bousculer dans votre esprit. « Suis-je fait(e) pour reprendre l'entreprise familiale? », « est-ce vraiment ce que j'ai envie de faire? », « qu'arrivera-t-il si ça se passe mal? » ne sont que quelques exemples des questionnements qui vous habitent probablement. Vous essayez sans doute de parler avec votre entourage de ce dilemme qui vous tiraille, mais personne ne semble réellement saisir l'importance de ce projet et sa complexité. Vous continuez donc de ruminer toutes ces questions en vous disant que vous êtes seul(e) dans cette situation. Mais vous n'êtes jamais seul(e).

Au Canada, 63,1 % des entreprises privées sont familiales, soit deux tiers des entreprises canadiennes du secteur privé. Elles représentent la moitié du produit intérieur brut de ce secteur[1]. Pour 63,1 % des entreprises familiales québécoises, la relève familiale est un des objectifs les plus importants. Pourtant, très peu planifient[2] cet événement. En France, 83 % des entreprises en 2016 étaient familiales. De ce pourcentage, 58 % prévoient

---

[1]   BASSETT ET FORBES, *The Economic Impact of Family-Owned Enterprise in Canada*, 2019, [En ligne], adresse URL : https://familyenterprise.ca/wp-content/uploads/2020/01/CBOC-2019-Family-Owned-Enterprises-Impact-Report.pdf

[2] CISNEROS, L., HAMON, G., VEILLEUX, A., GUILIANI, F., IBANESCU, M., *L'album de familles — enquête statistique sur les entreprises familiales québécoises 2020*, Familles en affaires — HEC Montréal, 2021

transmettre la gestion ou le leadership à la prochaine génération. Mais seulement 14 % ont un plan de succession robuste, formel et communiqué[3].

Ces statistiques se retrouvent d'un bout à l'autre de l'Atlantique et partout dans le monde. Vous n'êtes certainement pas la seule personne à vous poser toutes ces questions; vous n'avez simplement pas trouvé la communauté chez qui elles font écho.

Durant ma dernière année universitaire, j'ai eu la chance de participer à la première édition du programme le Circuit – Sur la voie de la relève[4] proposée par Familles en affaires HEC Montréal[5]. Le Circuit a pour but d'aider les étudiants qui proviennent de familles en affaires à s'outiller pour savoir s'ils veulent travailler dans leurs entreprises familiales, ce que cela implique, et si leur objectif final serait de reprendre l'entreprise familiale ou de lancer un projet entrepreneurial au sein de celle-ci. Tout ça dans un programme de 6 séances échelonnées sur 6 mois. Chaque séance durait environ 3 heures et comportait deux parties. La première des séances était souvent théorique, enseignée par un professeur ou un spécialiste du sujet. On évoquait un ou des concepts techniques et singuliers des familles en affaires. Pendant la deuxième partie, une personne venait témoigner de son expérience à propos du sujet de la séance et répondait à nos questions. Pendant 6 mois, nous avons donc eu la chance de travailler sur 6 thèmes différents et de profiter d'une dizaine de témoignages. En plus, le circuit a permis de créer une communauté de personnes qui vivent la même chose à des stades similaires ou différents dans leur parcours de reprise de l'entreprise familiale. Nous avons pu partager nos doutes, nos défis et nos expériences, ce qui nous a

---

[3]KINDERMANS, M., *BPI France se mobilise pour la survie des entreprises familiales*, Les Échos, 2020, [En ligne], adresse URL: https://www.lesechos.fr/pme-regions/actualite-pme/bpifrance-se-mobilise-pour-la-survie-des-entreprises-familiales-1162454

[4] Familles en Affaires, *Circuit – Sur la voie de relève*, Famille en Affaires, HEC Montréal, 2021, [En ligne], adresse URL : https://famillesenaffaires.hec.ca/circuit/#_circuit-programmation-anchor

[5] Familles en Affaires, HEC Montréal, 2021, [En ligne], adresse URL: https://famillesenaffaires.hec.ca/

permis d'avancer dans nos réflexions personnelles. Ce programme a été une chance incroyable qui m'a permis de choisir en pleine conscience de rejoindre ma famille dans notre entreprise. En connaissant les défis auxquels j'allais faire face et les occasions que mon engagement allait m'apporter, je me suis lancée dans l'aventure, sûre de ma décision. En prenant conscience de la chance que j'avais eu d'avoir accès à ce programme et devant la quantité considérable d'entreprises familiales existant partout dans le monde, j'ai vu là une chance d'aider tous ceux qui souffrent des doutes et angoisses qui m'ont habitée il y a quelques mois.

Ce livre est une manière pour moi de remercier toutes les personnes qui m'ont accompagnée dans ce processus en donnant au suivant. J'ai essayé d'y inclure un maximum d'informations et d'exemples pour vous permettre de mieux comprendre l'environnement d'une famille en affaires. Le livre est divisé en trois grandes parties qui feront office d'étapes au cours de votre processus décisionnel : l'entreprise, la famille et vous. L'objectif est de vous amener à vous poser les bonnes questions dans un ordre logique et de vous guider dans votre réflexion.

Avant tout, laissez-moi vous raconter mon histoire. Mon père est le fondateur de l'entreprise familiale et le seul à s'être impliqué dans l'entreprise au départ. Mes parents ont eu trois enfants : mes deux grands frères jumeaux et moi, beaucoup plus tard. Ma mère et mon père avaient respectivement 26 et 34 ans lorsque mes frères sont nés. À l'époque, mon père travaillait pour le groupe Mars dans la division des aliments pour chiens et chats, ce qui l'amenait à déménager tous les deux ans. Ce rythme de vie était très lourd pour la famille, et mon père, sentant qu'il avait fait le tour de son expérience au groupe Mars, a décidé de se lancer en affaires. C'est donc en 2004 qu'il a créé son entreprise de distribution agroalimentaire spécialisée dans les collations sucrées, biscuits et gâteaux industriels. Après 10 ans de mouvement, cette décision a permis à ma famille de s'installer définitivement à un endroit et c'est à ce moment-là que mes parents ont décidé d'avoir un autre enfant : moi.

Je suis née 13 ans après mes frères, lorsque mes parents avaient 39 et 47 ans. La grande différence d'âge que j'ai avec mes frères et mes parents a des avantages et des inconvénients dans l'élaboration du plan de reprise de l'entreprise de mon père. Le plus gros défi auquel je fais face actuellement est la différence d'âge qui nous sépare, mes parents et moi. À 22 ans, je viens de terminer mes études tandis que mon père, qui vient de fêter ses 70 ans, n'est toujours pas à la retraite. Nous n'avons donc pas 10 ans devant nous pour préparer la relève. Toutes les étapes doivent se faire vite et bien.

Un autre défi auquel je devrai faire face prochainement concerne la conciliation de mes ambitions personnelles et professionnelles. Mon ambition personnelle est de vivre au Canada; j'y réside depuis le lycée et tous mes amis sont là-bas. Aujourd'hui, ma famille et l'entreprise sont les seuls aspects qui me rattachent à la France. Cela dit, ce ne sont pas des aspects négligeables puisque mon souhait est de reprendre l'entreprise. Je peux voyager souvent pour voir ma famille, mais il faudrait que je sois sur place de manière permanente pour assumer les tâches quotidiennes de l'entreprise.

Depuis peu, un de mes frères explore l'idée de rejoindre l'entreprise familiale. Nous travaillons donc présentement, sur papier, à définir les différentes options qui s'offrent à nous quant au partage de la gestion quotidienne et de la propriété. Au moment où j'écris ces lignes, nous n'avons pas encore trouvé de solution miracle, bien que nous ayons des pistes qui devront être testées dans les années à venir.

Nous aurons aussi des décisions à revoir concernant la propriété si mon frère décide de rejoindre l'entreprise avec moi. Allons-nous racheter les parts de notre frère qui n'est pas impliqué? Comment nous partagerons-nous la propriété?

Quoi qu'il en soit, je demeure convaincue que je trouverai une solution pour allier mes ambitions personnelles et professionnelles. Et qui sait? Peut-être que ce défi m'inspira pour un deuxième livre!

Entre-temps, j'espère que ce guide vous apportera les outils nécessaires à votre réflexion et qu'il vous amènera à vous épanouir dans vos projets, au sein de l'entreprise familiale ou non. Mon objectif est aussi de vous faire prendre conscience que vous faites partie d'une communauté de personnes qui vivent la même chose que vous, pour que vous puissiez partager et évoluer avec ceux qui comprennent votre réalité et les enjeux quotidiens auxquels vous faites face. La reprise d'une entreprise familiale n'est pas qu'un simple projet professionnel : c'est un projet de vie qui implique votre famille et vous-même dans un processus long et difficile, mais si beau qu'il en vaut largement les efforts. Alors, êtes-vous prêt(e) à vous lancer?

1ère étape :

L'entreprise

Chapitre 1
Les activités de l'entreprise

Connaissez-vous réellement l'activité de votre entreprise familiale? Le type d'entreprise ou d'industrie dans laquelle elle œuvre? Tous les produits et services qu'elle offre? Le nombre d'employés qu'elle compte? S'informer sur l'activité de l'entreprise est un bon point de départ pour en savoir plus sur son environnement général et prendre une décision éclairée sur votre implication dans celle-ci.

Ses produits et services

Pouvez-vous nommer au moins un produit ou service que l'entreprise propose? Si la réponse est oui, vous pouvez probablement en citer plusieurs par la suite. Notez-les! Vous pouvez toujours vérifier sur le site web de l'entreprise toutes les activités qu'elle propose. Et si vous n'avez pas accès à un site web, gardez cette liste de côté pour la discussion préliminaire à votre intégration*. Gardez en tête que même si l'entreprise vend majoritairement des produits, elle peut également vendre des services sans les mentionner clairement. La négociation, par exemple, est un service qui peut être inclus directement dans le prix de vente sans qu'il apparaisse sur une facture. Notez tout ce que vous pouvez identifier comme un produit ou un service, car ceux-ci font partie d'un processus qui peut être analysé, amélioré et optimisé, ce qui constitue pour vous un aspect intéressant à aborder au moment de votre intégration.

> ***Définition** – *Intégration* : Phase d'apprentissage et de socialisation de la nouvelle génération dans l'entreprise familiale.

Que vous ayez réussi à citer un ou plusieurs produits ou services offerts par l'entreprise familiale, vous devriez être capable de déterminer l'industrie dans laquelle elle œuvre.

Pouvez-vous déterminer avec précision dans quelle industrie se classe votre entreprise? L'alimentaire? La construction? Les cosmétiques? L'électronique? L'énergie? L'équipement? L'usinage? Il en existe encore bien d'autres. Peut-être que votre entreprise évolue dans plusieurs de ces industries. Si votre entreprise fabrique des outils de construction, elle œuvre dans l'industrie de la fabrication d'équipement, mais aussi dans la mécanique, l'usinage et le métal. Imaginons que votre entreprise offre aussi un service de location d'outils en parallèle. Si vous avez un diplôme d'ingénieur en matériaux, peut-être que la partie « fabrication d'équipement, mécanique, usinage et métal » vous intéressera davantage et correspondra mieux à vos compétences que la partie gestion. Si, au contraire, vous avez un diplôme en gestion ou êtes passionné par le domaine, peut-être que vous préférerez commencer à travailler dans le service de location d'outils. Le fait de connaître l'industrie vous permet donc d'avoir une idée de la façon dont vous pourrez vous impliquer dans l'entreprise, au-delà des produits et services qu'elle offre.

Il existe par ailleurs différentes façons de vendre un produit ou un service dans une même industrie. Or, peut-être que la façon dont est actuellement exploité le produit ou le service n'est pas optimale et qu'il y aurait matière à amélioration. Vous pouvez ainsi comparer avec d'autres entreprises qui ne sont pas nécessairement vos concurrents, mais qui œuvrent dans le même domaine.

Si vous ne connaissez pas l'industrie dans laquelle votre entreprise évolue, allez faire un tour sur le site web ou posez la question à un membre de votre famille qui y travaille.

Si l'industrie ne vous plaît pas, attention de ne pas vous arrêter à ce détail! Il est tout à fait possible de ne pas ressentir d'attachement fort pour l'industrie dans laquelle on œuvre, mais d'être passionné par nos tâches quotidiennes puisqu'elles n'impliqueront pas nécessairement que l'on soit en contact direct avec l'industrie, ses produits ou ses services. Le temps passé sur un produit ou service qui existe déjà (exemple : la vente d'une boîte à outils) est minime. Un travail en gestion abordera plutôt le produit ou le service en surface et votre objectif sera surtout de trouver des moyens pour le vendre. Votre proximité avec le produit ne doit pas être un critère déterminant dans votre décision d'intégrer l'entreprise familiale. Souvenez-vous que le but de cet exercice est avant tout de mieux comprendre son environnement afin de prendre une décision éclairée.

Sa taille

Quelle est la taille de l'entreprise familiale? Les enjeux ne sont évidemment pas les mêmes s'il s'agit d'une start-up que d'une PME ou d'une grande entreprise. Si un de vos parents vient de lancer son entreprise et qu'elle est encore au stade du démarrage, vous avez peut-être envie de faire partie de l'aventure et d'aider votre parent à développer son entreprise. Il y a probablement peu de personnes déjà impliquées dans l'entreprise et tout est encore à construire. En vous impliquant dès la création, vous vivrez un processus d'intégration plus fluide. Les enjeux sont importants puisque tout est à faire et qu'on ne sait jamais si l'entreprise aura du succès ou non. Vous aurez cela dit un avantage au moment de votre insertion et, plus tard, de votre transition*, puisque vous serez un partenaire et l'un des fondateurs, et que vous jouirez donc déjà d'une certaine légitimité au sein de l'entreprise.

> ***Définition – *Transition* :** Correspond à la passation de l'entreprise familiale de la génération sortante vers la génération entrante.

Dans une PME (petite ou moyenne entreprise), les enjeux de votre intégration sont un peu plus grands. Plusieurs générations de la même famille s'étant sans doute succédé aux commandes de l'entreprise, la transition d'un parent vers un enfant fait partie de sa culture, à moins qu'il ne s'agisse d'une première expérience. Dans ce cas-là, il faudra procéder à l'intégration. Quoi qu'il en soit, vous devez vous montrer « légitime » des années avant pour vous faire accepter des employés, ce qui représente un défi imposant, mais réalisable. L'avantage d'une PME par rapport à une grande entreprise est que les échelons seront plus rapides à gravir et que vous aurez rapidement fait le tour de tous les services. En effet, dans les grandes entreprises, même si le processus d'intégration reste similaire, les enjeux sont beaucoup plus grands. L'équipe de direction (notion que nous aborderons plus tard) n'est probablement pas seulement composée de votre famille, mais également d'actionnaires externes qui ont aussi leurs droits de veto sur votre désir d'intégrer l'entreprise. De plus, vous ne serez probablement pas en mesure de faire le tour de tous les services avant d'entamer la transition. Une partie des employés peuvent donc se montrer réticents, s'ils ne vous connaissent pas, à vous accorder leur confiance.

Vous l'aurez sûrement compris, la taille de l'entreprise influencera nécessairement la façon dont vous vous grefferez à celle-ci. Votre stratégie d'intégration en dépendra grandement, d'où l'importance de vous renseigner à ce sujet avant de vous lancer.

Il existe trois types d'entreprises, mais nous en aborderons seulement deux ici, soit :

- Les entreprises privées à but lucratif (exemple : PME, grandes entreprises)
- Les entreprises privées à but non lucratif (sociétés, coopératives, associations et sociétés mutuelles relevant de l'économie sociale[6])

La plupart des entreprises familiales se situent dans la catégorie des entreprises privées à but lucratif, c'est-à-dire qu'elles appartiennent majoritairement ou complètement à des personnes morales, et qu'elles visent à faire des profits. Quelques-uns d'entre vous ont peut-être une entreprise privée à but non lucratif (qui n'a pas pour but de faire des profits.) Quoiqu'il en soit, il est important de savoir quelle est la nature de l'entreprise,

---

[6] Québec, *Démarrer votre entreprise*, Registraire des entreprises Québec, 2017, [En ligne], adresse URL :
http://www.registreentreprises.gouv.qc.ca/fr/demarrer/constituer-pmsbl.aspx

puisqu'elle influencera grandement votre travail à l'interne et que vos stratégies de développement seront par conséquent différentes. Ne vous lancez pas dans une entreprise qui serait complètement à l'opposé de vos principes ou de vos valeurs.

Vous pourriez aussi vous intéresser au statut légal de l'entreprise, qui constitue une source d'informations non négligeable sur sa constitution, ses actionnaires, ses obligations et ses droits envers la société. Grâce à ces informations, vous obtiendrez une meilleure compréhension de l'environnement interne, mais aussi, et surtout, de l'environnement externe. Armé(e) de meilleures connaissances par rapport à vos droits et vos obligations en tant qu'entreprise, vous pourrez mieux anticiper les prochaines étapes de votre relève, au-delà de votre intégration. Vous pourrez vous projeter plus loin dans la transition et établir plusieurs scénarios pour vos successeurs. Si l'entreprise évolue et change d'activité ou si le nombre de dirigeants-actionnaires change, cela impliquera peut-être un changement de statut juridique.

Profitant d'un point de vue plus détaillé sur les environnements externe et interne de l'entreprise, vous êtes maintenant apte à établir plusieurs scénarios possibles pour votre intégration et, plus tard, votre transition. Posez-vous donc la question suivante : est-ce qu'un de ces scénarios est envisageable pour votre famille et votre entreprise? Est-ce qu'un de ces scénarios vous motive à rejoindre l'entreprise?

Selon le pays où se situe votre entreprise, les statuts juridiques diffèrent. Au Québec, par exemple, il existe trois formes juridiques : l'entreprise individuelle, la société par actions et la société en nom collectif. Voici quelques-unes de leurs caractéristiques.

	Associé(s)	Dirigeant(s)
Entreprise individuelle	L'entrepreneur individuel	L'entrepreneur individuel
Société par actions	Au minimum une personne physique ou morale	Les actionnaires
Société en nom collectif	Au minimum 2 personnes physiques ou morales	Un ou plusieurs gérants (personnes physiques ou morales)

En revanche, en France, il existe des nuances supplémentaires prises en compte dans l'élaboration du statut juridique de l'entreprise, ce qui multiplie le nombre de formes juridiques possibles. Vous pouvez consulter un tableau récapitulatif en annexe.

Chapitre 2
Les valeurs de l'entreprise

Maintenant que vous avez une vision globale de ses activités, vous devez analyser le cœur de votre entreprise familiale. Vous devrez évaluer les valeurs, les objectifs et la stratégie qui guident les dirigeants et les employés dans leur travail quotidien et dans leur processus décisionnel. D'abord, vérifiez si ces notions sont clairement énoncées.

Toutes les entreprises, qu'elles soient familiales ou non, à but lucratif ou pas, se reposent sur leurs valeurs dans le choix de leurs actions et dans leurs décisions. Les valeurs de l'entreprise familiale apparaissent peut-être sur son site web. Si c'est le cas, tant mieux; vous disposez déjà d'une base solide sur laquelle travailler. Il arrive cependant, surtout dans les petites structures entrepreneuriales, qu'elles ne soient pas nécessairement écrites noir sur blanc. Cela ne veut pourtant pas dire qu'elles n'existent pas. La plupart du temps, elles sont portées par le fondateur et le dirigeant, pour qui elles paraissent tellement évidentes qu'il ne pense pas nécessairement à les retranscrire. Cela étant dit, les valeurs existent et votre travail consistera à les identifier et à les coucher sur papier.

Si ces valeurs sont déjà connues et affichées depuis des générations, il serait intéressant de voir si elles sont toujours suivies, si elles ont fait l'objet de modifications ou si de nouvelles valeurs ont été ajoutées. Dans ce cas, le dirigeant actuel ne sera pas le fondateur, mais un successeur. Il est donc possible que les valeurs de l'entreprise aient évolué au fil du temps, chaque dirigeant y ayant apporté sa touche personnelle. Votre travail consistera donc à vérifier que les actions et l'énoncé sont cohérents.

Cependant, si aucune valeur n'existe à ce jour, vous devrez les rédiger. Dans tous les cas, que les valeurs existent sur papier ou non, la « tâche » proposée ici demeure similaire. Dans les deux cas, vous devrez mettre un pied dans l'entreprise pour communiquer avec les employés et voir comment ils réagissent aux différentes situations qui surviennent quotidiennement. Vous devrez ainsi observer directement les comportements récurrents de chaque personne dans les différents contextes de travail afin de déterminer A) les valeurs prônées par l'entreprise et B) si lesdites valeurs sont bel et bien respectées par le personnel, peu importe son niveau hiérarchique. En plus d'observer, vous pouvez et devez, à un moment ou à un autre, communiquer avec les différentes personnes impliquées dans l'entreprise. Vous pouvez leur demander, par exemple, de déterminer selon elles quelles sont les valeurs qu'elles pensent que l'entreprise prône et qui guident chacune de leurs décisions au quotidien. En général, on compte 3 à 5 valeurs par entreprise sans jamais dépasser 6. Si vous avez besoin d'une méthode pour vous aider à définir ou redéfinir les valeurs de votre entreprise familiale, Jim Collins explique ce sujet en détail dans son livre *Built to Last – Successful Habits of Visionary Companies*[7]. Je me suis personnellement inspirée de son guide en ligne[8] pour redéfinir les valeurs de mon entreprise familiale pendant une réunion avec tous les membres de l'entreprise, qui a eu lieu pendant mon intégration. La définition et l'écriture des valeurs ont été l'un de mes premiers projets personnels au sein de mon entreprise familiale et cette intervention a été très bien reçue par les membres une fois que je leur ai expliqué l'importance de celles-ci. Cette première action a propulsé mon intégration et m'a permis de réaliser de nouveaux projets d'amélioration, comme la refonte du site web, mais elle a aussi montré à l'ensemble de l'équipe que

---

[7] COLLINS, Jim, *Built to Last : Successful Habits of Visionary Companies*, 3e éd., New York, Harper Business, 1994, 368 p.

[8] COLLINS, J., *Vision Framework*, JimCollins.com, 2001, [En ligne], adresse URL : https://www.jimcollins.com/tools/vision-framework.pdf

j'étais attentive à la mission et à la culture de l'entreprise (notions que nous aborderons ultérieurement), ce qui a contribué à renforcer ma légitimité.

Si vous êtes déjà impliqué ou avez déjà travaillé dans l'entreprise familiale pendant une courte période, comme pendant les vacances scolaires, cet exercice sur les valeurs sera plus facile. Vous arriverez peut-être à vous rappeler un ou plusieurs événements qui ont été guidés par certaines valeurs. Cependant, si vous ne pouvez visiter l'entreprise en ce moment en raison de la distance ou parce que vous ne vous sentez pas prêt à vous lancer dans ce projet, pas de panique! Une autre solution s'offre à vous. Puisque les valeurs de l'entreprise familiale sont souvent le reflet du fondateur et de ses dirigeants passés et présents, analysez les valeurs personnelles de vos grands-parents, parents, oncles ou tantes et de tous ceux qui ont dirigé l'entreprise et que vous connaissez. Vous aurez ainsi une bonne idée de ce à quoi pourraient ressembler les valeurs de l'entreprise. Ce n'est peut-être pas aussi efficace que d'aller visiter le lieu de travail en personne, mais vous n'arriverez pas à déterminer les valeurs avec précision tant que vous ne serez pas impliqué de façon quotidienne, et le but de cet exercice est avant tout de vous aider à analyser l'environnement de l'entreprise familiale pour vous amener à réfléchir à votre possible intégration.

Maintenant que vous avez une idée des activités et des valeurs de l'entreprise familiale, le tableau devrait commencer à se préciser, tout comme votre avis. Nous pousserons donc un peu plus loin notre exploration de l'entreprise familiale afin de comprendre ses enjeux présents et futurs et de vous aider à vous projeter dans celle-ci.

En plus de ses valeurs, chaque entreprise a une mission. Cette mission lui est propre, justifie sa raison d'être, mais a pour principale caractéristique d'être inatteignable.

Prenons pour exemple The Walt Disney Company. La mission d'origine de l'entreprise était, tout simplement, de rendre les gens heureux (« *to make people happy* »)[9], ce qui n'était pas vraiment réalisable puisqu'il est

---

[9] RASMUS, D. W., Defining your company's Vision, Fast Company, 2012, [En ligne], adresse URL : https://www.fastcompany.com/1821021/defining-your-companys-vision

impossible de rendre tout le monde heureux. Aujourd'hui, la mission a changé et tient davantage de la « vision d'entreprise ». En effet, à ce jour, la mission de The Walt Disney Company est de « divertir, informer et inspirer le monde entier au moyen d'histoires exceptionnelles reflétant l'image de marque, les esprits créatifs et les technologies innovantes qui font [d'eux] des pionniers du divertissement. »[10] C'est cependant leur mission d'origine qui a motivé chacun de leurs projets dans le passé et qui a constitué l'argument de base de leurs décisions. De façon plus imagée, voici comment la mission exerce son pouvoir directionnel :

Comment pourrions-nous rendre les gens heureux? → (nouveau projet)

Qu'est-ce qui rend vraiment les gens heureux? → (prise de décision)

Quelle est donc la mission de votre entreprise familiale? Comment guiderez-vous vos décisions au sein de celle-ci? Encore une fois, la mission n'est peut-être pas écrite noir sur blanc bien qu'elle existe. Il vous faudra donc l'énoncer. Au besoin, référez-vous à nouveau à l'œuvre de Jim Collins citée plus haut. Vous y trouverez des questions pour guider vos réflexions et des méthodes pour réfléchir en équipe.

Maintenant que vous en savez un peu plus sur les activités et la « personnalité » de votre entreprise, vous pouvez plus ou moins déterminer où l'entreprise se trouvera dans deux ou trois décennies. Dans le même esprit, il faudrait donc, en plus des valeurs et de la mission, déterminer un objectif à long terme pour les 25 à 30 années à venir. Dans ce cas-là, assurez-vous que cet objectif est bel et bien réalisable. À cette étape, vous pourrez aussi vous aider de la méthode de Jim Collins pour déterminer, avec les autres membres concernés, l'objectif à long terme.

Comme précédemment, si votre réflexion est complètement personnelle pour le moment, vous pouvez quand même faire l'exercice grâce aux recherches effectuées depuis le début de votre lecture. S'il vous manque encore trop d'informations, déterminez un objectif qui vous plairait de suivre

---

[10] Traduction libre de : « is to entertain, inform and inspire people around the globe through the power of unparalleled storytelling, reflecting the iconic brands, creative minds and innovative technologies that make ours the world premier entertainment company », Elyzabeth Martel-Choinière, Montréal, 2021

si vous intégriez l'entreprise. Gardez à l'esprit qu'il est très important d'en déterminer un avant de vous lancer ou, à tout le moins, avant votre intégration. Puisque c'est cet objectif qui guidera votre intégration jusqu'à la phase de repreneuriat* et après, assurez-vous que cet objectif vous inspire et qu'il vous motivera pour les 25 à 30 années suivantes. Même si vous ne pouvez pas l'anticiper complètement, en déterminant des stratégies de long terme et de cours terme, vous pourrez découper l'objectif en plusieurs parties qui correspondront à peu près à chaque stade de votre intégration, jusqu'à la relève. En découpant l'objectif en plusieurs stratégies, vous verrez également si toutes ces étapes vous « parlent » ou non. Si cela vous motive, super! C'est un pas de plus vers votre intégration dans l'entreprise familiale. Si au contraire, cela ne vous motive pas du tout, peut-être faudrait-il songer à un autre objectif.

***Définition – *Repreneuriat* :** Action de reprendre, d'acheter une entreprise déjà existante.

Attention, cependant, de ne pas confondre « appréhension » et « désintérêt ». Il est tout à fait normal d'avoir peur devant un projet d'une telle envergure, échelonné sur plusieurs années. Cela dit, le fait de le découper en plusieurs stratégies le rendra moins imposant. Rappelez-vous également que vous ne serez sûrement pas seul(e) à l'accomplir. Un objectif à long terme est un effort collectif auquel tous les services participeront d'une façon ou d'une autre. La question à vous poser serait donc plutôt : comment participerez-vous à cet effort collectif dans le cadre de votre travail quotidien? Si cette question vous inspire plus que l'objectif même, vous êtes sur la bonne voie. Nous aborderons plus loin l'objectif en soi et ce qu'il vous apportera professionnellement ou personnellement.

Chapitre 3
La gouvernance de l'entreprise familiale

Le modèle des 3 cercles

Avant de nous plonger dans la définition de la gouvernance et de ce qui la constitue, nous devons aborder un modèle très instructif qui vous aidera à comprendre comment est construite l'entreprise familiale. Le modèle des 3 cercles[11] représente l'équilibre fragile entre les 3 sphères qui composent une entreprise familiale. On y trouve la famille, l'entreprise et la propriété. Ces sphères représentent en fait des systèmes composés de personnes et orchestrés par différents conseils. C'est au cœur de ces trois cercles que nous trouverons les différentes gouvernances.

---

[11] DAVIS, J., TAGIURI, R., *The Influence of Life Stages on Father-Son Work Relationships in Family Companies*, Unpublished manuscript, Graduate School of Business Administration, University of Southern California, 1982, 924 p.

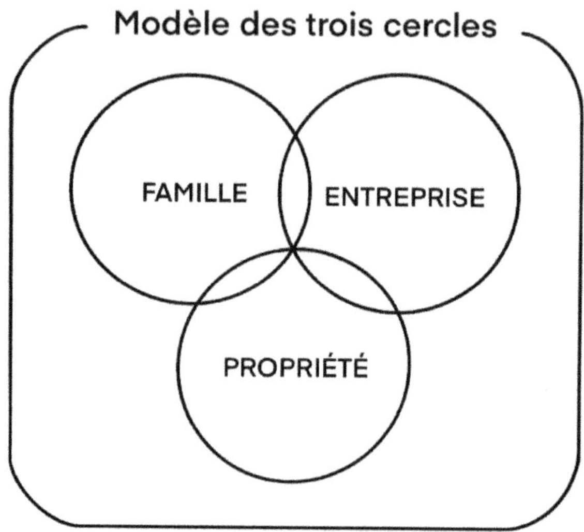

La gouvernance c'est « l'ensemble des forums régissant les processus d'information, de décision et de surveillance [12]». Ainsi, dans le cadre des entreprises familiales, on peut définir la gouvernance comme « un système de processus et de structures mis en place au plus haut niveau de l'entreprise, de la famille et de l'actionnariat, pour garantir les meilleures décisions concernant la direction, les responsabilités et le contrôle de l'entreprise. ».[13]

Tout comme une entreprise ordinaire a des systèmes de gouvernance au niveau de l'entreprise et de l'actionnariat, l'entreprise familiale a ces mêmes systèmes auxquels se greffe la famille en tant que partie intégrante de l'équilibre général. Cette structure garantit, entre autres, le suivi des objectifs,

---

[12] Circuit – Sur la voie de la relève, « La gouvernance », [notes prises dans le cadre du programme Le Circuit], HEC Montréal, Montréal, février 2020

[13] KENYON-ROUVINEZ, D., WARD, J. L., *L'importance de la gouvernance familiale et de la gouvernance entrepreneuriale*, dans *Les entreprises familiales*, Presses Universitaires de France, 2004, 127 p.

la qualité de la communication et la prise de décisions de façon démocratique.

Chaque cercle et chaque zone a des enjeux et des systèmes différents. Le but de la gouvernance est donc d'orchestrer ces systèmes pour assurer la pérennité de l'entreprise, ce qui n'est pas aussi simple qu'on peut l'imaginer.

Les 7 territoires

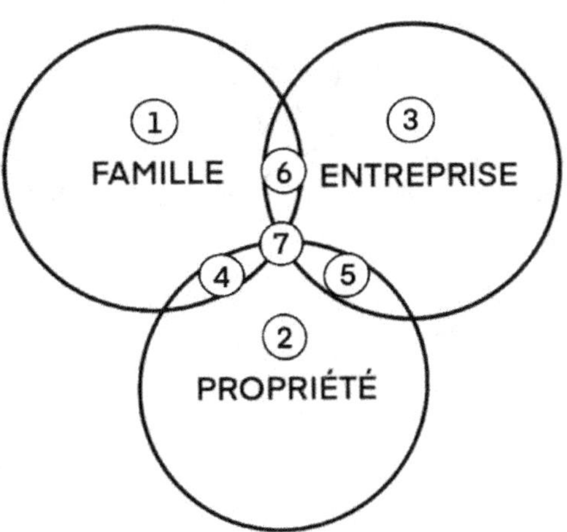

Dans le schéma ci-dessus, chaque numéro représente un territoire. On en compte sept. Ces territoires sont composés de personnes, tous acteurs directs ou indirects de l'entreprise familiale. Analysons-en quelques-uns.

Le numéro 1 représente tout simplement les membres de la famille. Ils ne sont pas actionnaires (ne possèdent pas de titre de propriété) et ne sont pas impliqués dans l'entreprise. Le numéro 2 représente les personnes qui détiennent des titres de propriété (actionnaires), mais qui ne font ni partie de la famille, ni de l'entreprise en tant qu'employés. Le numéro 3, représente les employés qui ne sont pas membres de la famille. En 4, 5 et 6, on trouve, par exemple, les membres de la famille qui possèdent des parts de l'entreprise, mais qui ne sont pas employés. Finalement, le numéro 7 représente souvent le président de l'entreprise (l'un de vos parents ou les deux) qui est donc un membre de la famille travaillant quotidiennement dans l'entreprise et détenant des titres de propriété.

À titre d'exemple, voici le modèle des 3 cercles adapté à ma situation :

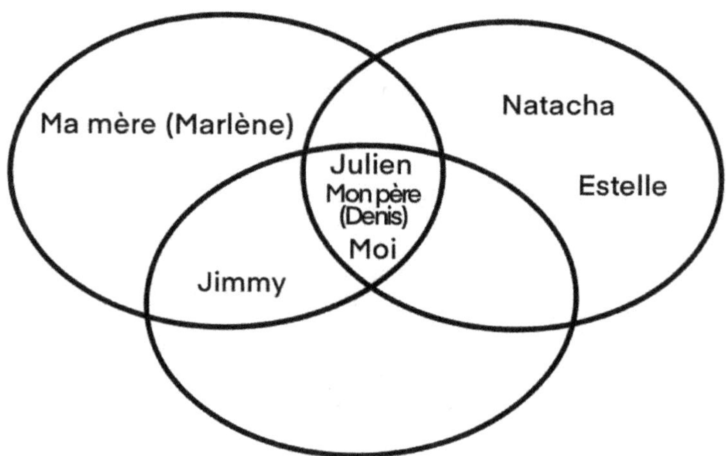

Ces systèmes ne sont pas complexes, mais la gouvernance est essentielle pour la bonne gestion de l'entreprise et de ses différents acteurs.

Les structures de gouvernance [14]

Voyons maintenant les différents systèmes de gouvernances prévus pour chaque cercle. Nous passerons chacun d'eux en revue afin d'étudier leurs rôles respectifs dans la gouvernance générale de l'entreprise.

---

[14] CISNEROS, L., *La Gouvernance*, Circuit – Sur la voie de la relève, présentation PowerPoint, HEC Montréal, 2020

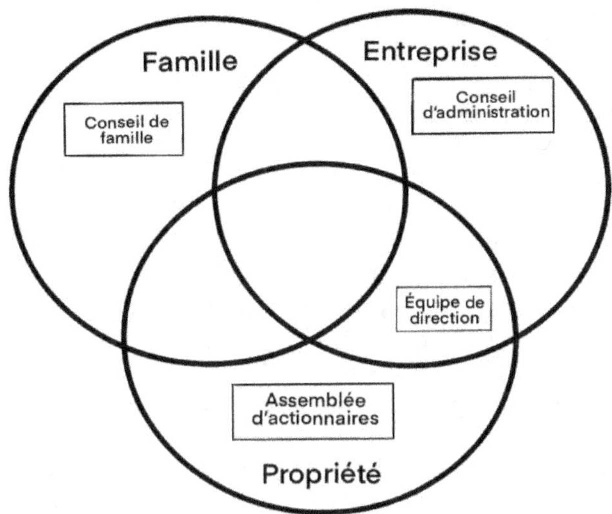

A) Le conseil de famille

Le conseil de famille est une structure de gouvernance rassemblant uniquement les membres de la famille en affaire, parfois élargie, qu'ils soient impliqués ou non dans l'entreprise. Le conseil est « le forum de communication de la famille. Il permet aux membres de la famille de parler de leurs aspirations personnelles et professionnelles, de discuter de l'implication de la famille dans l'entreprise et de lancer des discussions sur les plans de continuité du patrimoine familial »[15]. Ce conseil favorise les échanges et la communication entre les membres impliqués et les membres non impliqués. Le conseil permet aussi de prendre des décisions vis-à-vis des membres (embauche ou licenciement) et de régler les conflits. Ses fonctions principales, selon Beaucage et Paré Julien (2020), sont :

- Établir le code de conduite familial
- Élaborer la vision, la mission et les engagements familiaux
- Élaborer et mettre en œuvre des politiques familiales

---

[15] BEAUCAGE, C., PARÉ-JULIEN, D., *Le petit guide de la famille en affaires – Le conseil de famille*, Éditions JFD, Montréal, 2020, 40 p.

- Anticiper et résoudre des problèmes entre les membres de la famille (entre eux et avec l'entreprise)
- Gérer le conflit entre les membres de la famille
- Mettre en place des éléments de gouvernance pour la famille
- Promouvoir les valeurs et la vision familiales
- Planifier et organiser les activités, les événements et les réunions familiales
- Favoriser l'instauration d'un climat de respect, de confiance et d'affection au sein de la famille
- Favoriser la notion de mentorat et de planification des objectifs professionnels des membres de la famille
- Gérer des tâches liées à la famille et à ses membres (formation, éducation, mentorat, philanthropie, placement financier de la famille, etc.)
- Préparer la génération montante à intégrer l'entreprise

La mise en place d'un tel conseil n'est pas évidente; elle requiert de faire accepter le concept à toute la famille. Notez qu'il est fortement conseillé d'être accompagné par un professionnel dans le cadre de la mise en place du conseil et des premières réunions.

B) Le conseil d'administration

Dans une entreprise familiale, le conseil d'administration fait le lien entre la famille et la direction de l'entreprise. Le conseil d'administration est « composé, majoritairement, de membres compétents, indépendants et extérieurs à la famille pour pouvoir s'acquitter de cette responsabilité avec professionnalisme, objectivité (sans émotion) et être de bon conseil, en particulier lorsque l'entreprise est plus petite et ne dispose pas de toutes les compétences »[16]. Les membres du conseil d'administration sont souvent des entrepreneurs indépendants à la famille et de gestionnaires qui travaillent dans l'entreprise. (3). Certains, parmi ces gestionnaires, peuvent tout de même faire partie de la famille (6) ou être actionnaires et faire partie de l'équipe de direction (5). Les fonctions principales sont[17] :

---

[16] Circuit – Sur la voie de la relève, « La gouvernance », [notes prises dans le cadre du programme Le Circuit], HEC Montréal, Montréal, février 2020

[17] Circuit – Sur la voie de la relève, « La gouvernance », [notes prises dans le cadre du programme Le Circuit], HEC Montréal, Montréal, février 2020

- L'évaluation du chef de la direction
- La surveillance des rendements de l'entreprise
- Fournir de l'appui et des conseils à l'équipe de direction
- Apporter une contribution au processus de planification stratégique et l'approuver
- Offrir du mentorat aux membres de la famille qui sont employés dans l'entreprise et des conseils sur l'entretien de relations familiales harmonieuses
- Approuver la nomination de l'équipe de direction
- Assurer le contrôle des aspects financiers et légaux
- Agir comme lien entre les actionnaires de la famille et l'équipe de direction

C) L'assemblée d'actionnaires

L'assemblée des actionnaires, aussi nommée « conseil des associés », est un forum qui permet la réflexion, l'orientation et la prise des décisions qui ont une incidence sur les investissements réalisés ou à réaliser. Rappelez-vous, les actionnaires peuvent être des membres de la famille sans être impliqués dans l'entreprise (4), qu'ils peuvent être externes à la famille tout en étant impliqués dans l'entreprise (5) ou qu'ils peuvent être simplement actionnaires et ne faire partie ni de la famille ni de l'entreprise (2).

Les fonctions principales de l'assemblée des actionnaires sont similaires à celles d'une entreprise ordinaire[18] :

- L'allocation des ressources
- La surveillance du retour sur investissement
- La décision sur la répartition des dividendes
- La vente et le rachat d'actions
- La mise en œuvre de la convention d'actionnaires

Les systèmes de gouvernances étant assez techniques et théoriques, il est souvent difficile de les mettre en place dans la vraie vie. D'ailleurs, vous n'avez peut-être aucun de ces conseils dans vos entreprises en ce moment. Gardez-les à l'esprit, car ces conseils sont souvent incontournables pendant

---

[18] Circuit – Sur la voie de la relève, « La gouvernance », [notes prises dans le cadre du programme Le Circuit], HEC Montréal, Montréal, février 2020

le processus de transition d'une génération à l'autre. Une bonne communication est la clé pour une intégration et une transition réussies, d'où la nécessité de mettre en place plusieurs conseils réunissant les différents acteurs de l'entreprise, en fonction de leurs préoccupations et leurs responsabilités au sein de celle-ci. Avec le soutien d'un professionnel, les différents systèmes de gouvernance se mettront en place petit à petit pour correspondre aux enjeux et à la personnalité de l'entreprise.

Les habiletés politiques[19]

Les habiletés politiques sont un savoir-faire qui permet à une personne d'acquérir de l'influence. Elles peuvent se révéler très utiles lorsqu'il s'agit de faire sa place dans l'entreprise familiale. Attention cependant à ne pas mélanger influence et manipulation! Lorsqu'on influence, on a à cœur d'aider ou de faire progresser une personne, tandis que lorsqu'on manipule, nos intentions risquent de lui nuire. Gardez en tête votre objectif final en utilisant ce savoir-faire : les habiletés politiques doivent vous permettre de vous faire reconnaître comme une personne qui aide les autres à avancer et à progresser. Or cette compétence s'acquiert lentement, mais sûrement. Dans ce cas-ci, l'avantage de l'entreprise familiale est d'avoir la possibilité de vous servir de votre cercle d'influence pour développer ce savoir-faire. Pour vous aider à y voir plus clair, étudions quelques stratégies que vous pourrez mettre en place dès votre arrivée dans l'entreprise familiale.

1. **Utiliser vos leviers de pouvoir**

Il existe deux types de pouvoir : le pouvoir formel et le pouvoir informel. Comme son nom l'indique, le pouvoir formel est acquis par le biais de la fonction ou du titre qu'une personne a dans l'entreprise. Comme vous n'allez probablement pas prendre la place du président du jour au lendemain, vous devrez vous servir du pouvoir informel pour faire votre place. Le pouvoir informel se reconnaît par les compétences, l'expertise ou les informations

---

[19] LAINEY, P., *Les habiletés politique*, Circuit – Sur la voie de la relève, présentation PowerPoint, HEC Montréal, 2020

que vous avez sur votre environnement et par le charisme que vous dégagez. Cela peut vous paraître comme un gros devoir à accomplir dès le début de vos activités dans l'entreprise, mais développer ses habiletés politiques prend du temps. Pensez seulement au temps qu'il vous faudrait pour atteindre une fonction ou un poste qui vous donnerait un pouvoir formel; il en prendra probablement autant, voire plus, pour détenir un pouvoir informel. On ne finit jamais d'apprendre, et vous ne maîtriserez donc jamais complètement tous les éléments qui composent le pouvoir informel, mais c'est en aiguisant vos habiletés un peu plus chaque jour, auprès des personnes qui vous entourent, que vous arriverez éventuellement à l'atteindre. En acquérant ces savoir-faire, vous vous taillerez également une place de choix au sein de l'entreprise familiale.

Voici quelques questions auxquelles vous pouvez répondre pour vous situer sur vos habiletés politiques :

Votre pouvoir formel :

- Qu'est-ce que votre poste actuel dans l'entreprise vous permet de faire?
- Qu'est-ce que votre poste actuel dans l'entreprise ne vous permet pas de faire?

Votre pouvoir informel :

- Quels sont les savoirs acquis qui vous donnent de la crédibilité?
- Quelles sont vos expériences, professionnelles ou autres, qui vous donnent de la crédibilité?
- Identifiez les personnes d'influence dans votre entreprise familiale (notez que ces acteurs clés peuvent autant être dans l'entreprise qu'à l'extérieur de celle-ci).
- Demandez à 3 personnes de vous dire comment elles se sentent en votre présence. Identifiez les éléments récurrents et tentez de réfléchir à la façon dont ces éléments peuvent devenir des leviers de pouvoir.

2. Analyser et tirer parti de votre environnement

Pour déterminer qui a du pouvoir ou de l'influence dans l'entreprise en ce moment, vous devez analyser votre environnement. Ces personnes peuvent être de forts alliés lors de votre arrivée dans l'entreprise familiale. Si l'un de vos parents est à la direction de l'entreprise, il ou elle pourra confirmer vos compétences et justifier votre présence dans l'entreprise par des arguments solides plutôt que par le simple fait que vous soyez son fils ou sa fille. Évidemment, il vous faudra encore faire vos preuves, mais en ayant l'appui de la direction, vous aurez pris une longueur d'avance. Cependant, il est toujours délicat d'arriver dans l'entreprise en se faisant appuyer par ses parents. Si possible, essayez donc de trouver d'autres alliés influents.

Déterminer votre cercle d'influence à l'interne peut aussi être un grand avantage si vous décidez de reprendre l'entreprise, puisque vous aurez déjà des personnes dans votre camp pour appuyer vos compétences devant l'administration. Une fois dans l'entreprise, ne négligez donc pas cette phase d'analyse.

- Observez qui sont les personnes qui prennent des décisions et qui font « arriver les affaires »
- Observez les comportements des uns et des autres
- Reconnaissez les personnes qui sont souvent sollicitées et celles à qui on demande généralement conseil
- Identifiez ceux qui ont de l'influence sur ceux que vous souhaitez influencer. Par exemple, qui a de l'influence sur vos parents (ou sur les dirigeants de l'entreprise)?
- N'oubliez pas que les personnes influentes peuvent aussi être à l'extérieur de votre entreprise familiale, dans le cercle familial ou dans celui des actionnaires, par exemple. Pour vous aider à identifier les personnes influentes de votre environnement, vous pouvez le cartographier.
- Identifiez les personnes que vous avez à influencer pour faire avancer votre projet
- Surlignez en jaune celles qui détiennent du pouvoir formel
- Surlignez en rose celles qui détiennent du pouvoir informel
- Encadrez celles avec qui vous avez déjà une relation forte, directe et positive. Elles seront potentiellement vos premiers alliés. Tentez de réfléchir aux intérêts de chacun des acteurs de votre environnement

3. Créer des alliances et partager votre pouvoir

Maintenant que vous avez développé vos habiletés politiques et que vous connaissez les personnes influentes autour de vous, pourquoi ne pas créer des alliances pour unir vos forces? Vos compétences, votre expertise et vos informations peuvent très probablement aider quelqu'un sur un projet, par exemple, et en contre parti, elle vous aide à faire votre place indépendamment de vos parents.

N'oubliez pas de faire les choses en respectant les règles d'éthique, sans quoi vous tomberez dans la manipulation et risquez de ternir votre image auprès des autres. Pour vous aider à rester sur le bon chemin, posez-vous ces questions :

- Est-ce que j'agis dans l'intérêt collectif de la famille et de l'entreprise?
- Est-ce que j'agis dans le respect des lois et des règlements?
- Est-ce que j'agis dans le respect de ma moralité et de mes valeurs?

Si vous êtes toujours sur le bon chemin, parfait! Maintenant, voyons comment vous pouvez créer des alliances :

- Regardez la cartographie que vous venez de réaliser. Y voyez-vous de potentielles alliances et collaborations?
- Quels sont vos objectifs et vos intérêts pour chacune de ces alliances potentielles?
- Est-ce que vos objectifs et vos intérêts sont alignés avec ceux des acteurs identifiés?

4. Reconnaître les gens autour

Montrer de la reconnaissance rend les gens plus enclins à collaborer : c'est le carburant de la motivation! Reconnaître les exploits des générations précédentes et prendre le temps de les souligner et de les remercier peut venir faire une belle différence dans la mise en place de votre influence dans l'entreprise. Être reconnaissant est donc un excellent levier de pouvoir.

Si vous avez des idées plein la tête pour améliorer l'entreprise, c'est super! Gardez-les et préparez-vous à les présenter à la direction, qu'il s'agisse de vos parents ou non. Mais attention à votre manière de présenter vos projets! Gardez toujours à l'esprit que vous devez un certain respect aux générations précédentes et à la génération en place. Il est possible qu'ils aient certaines lacunes, comme sur le plan du marketing numérique ou des technologies de l'information. Prenez tout de même la peine de reconnaître leurs connaissances et leurs expertises, qu'ils ont acquises au fil des années et qui ont contribué au succès de l'entreprise.

Même si vous pensez avoir beaucoup de choses à leur apprendre (et c'est peut-être le cas), ils ont eux aussi beaucoup de choses à vous apprendre de leurs réussites et de leurs erreurs passées. C'est là l'une des richesses de la famille en affaires. Vous avez la chance d'être en contact constant avec des générations entières qui ont appris votre futur métier des années durant. Il est vrai que le monde change constamment et qu'il y aura toujours des choses à améliorer ou à changer, ou que les générations précédentes n'auront pas vécu. Mais cela ne les rend pas moins crédibles pour autant. Reconnaissez leurs forces et leurs faiblesses et avancez ensemble en nourrissant mutuellement le savoir de l'un et de l'autre. Ne pensez jamais que vous pouvez leur apprendre leur métier, cela ne fera que dégrader vos relations.

2ᵉ étape :

La famille

Chapitre 4
Analyse de l'environnement familial

La composition

Avant d'analyser l'entreprise familiale, vous devrez connaître la famille au complet. Rappelez-vous le modèle des 3 cercles : dans celui de la famille, c'est la famille en entier qui apparaît, qu'elle soit impliquée ou non dans l'entreprise. Attention, cela dit! Quand on parle de « famille complète », on ne fait référence qu'aux membres de la famille proche. Si votre entreprise familiale n'implique que vos parents, vos frères et vos sœurs, inutile d'inclure vos oncles et vos tantes dans le cercle, à moins qu'ils puissent être étroitement liés à des prises de décision de votre famille proche, par exemple, si vos parents ont la tutelle de votre cousin ou de votre cousine. Autrement, ne vous concentrez que sur les membres de votre famille proche.

En ce qui me concerne, puisque mon père, mon frère et moi travaillons dans l'entreprise, j'inclurai seulement dans le cercle mon deuxième frère et ma mère. Plus tard, je pourrai aussi y ajouter mon conjoint et mes enfants.

Maintenant, parlons un peu de l'importance d'inclure dans le cercle la famille qui n'est pas impliquée dans l'entreprise familiale. D'abord, ces membres sont souvent pris en compte lors des décisions internes de l'entreprise. Qu'on le fasse consciemment ou pas, nous pensons nécessairement à notre famille proche lorsque nous prenons une décision professionnelle, surtout dans le cadre d'une entreprise familiale. Pensez-y un moment. Si vous occupiez un poste de salarié dans une entreprise qui ne vous appartenait pas et que votre patron vous proposait d'être muté à l'autre bout de votre pays, vous consulteriez sûrement votre conjoint(e) avant d'accepter. Il en va de même dans le cadre d'une entreprise familiale. Pour prendre vos décisions à long terme, vous devrez considérer votre famille proche. Or celle-ci peut inclure bien plus que vos parents et vos frères et sœurs! Si vos oncles et vos tantes font partie de l'entreprise, il y a de fortes chances que vos cousins et cousines s'y joignent également si ce n'est pas déjà fait. Dans ce cas-ci, il faudra donc également inclure leurs conjoints et leurs enfants dans le cercle de la famille. Même si ces membres peuvent paraître éloignés, l'entreprise vous lie et requiert qu'ils soient pris en compte.

Maintenant, à vous de jouer !

Écrivez à gauche les prénoms des personnes de votre famille (par alliance ou par le sang) qui ne sont pas dans l'entreprise, et à droite, celui des personnes de votre famille qui sont impliquées dans l'entreprise (à tous les niveaux).

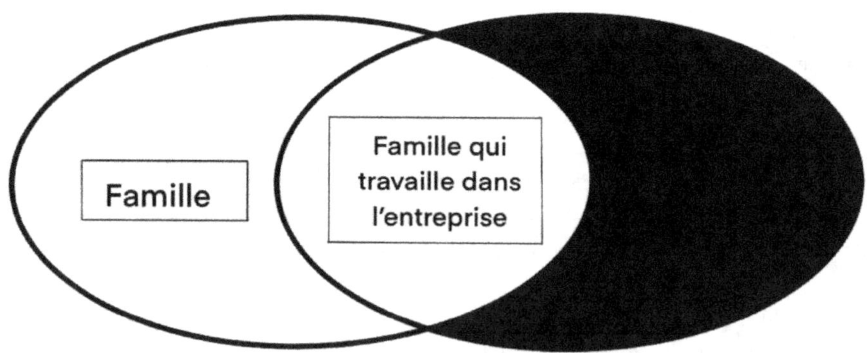

Les relations

Maintenant que vous avez énuméré les membres actifs de votre famille qui sont dans l'entreprise et les membres de votre famille proche qui ne sont pas impliqués, vous devrez étudier les relations entre toutes ces personnes. Lorsque nous parlons de relations, nous faisons principalement référence aux conflits et aux alliances. Puisque votre famille fait partie de votre environnement professionnel, étudier les différentes relations qui la caractérisent sera très important pour déterminer votre stratégie politique et vous éviter de vous impliquer dans les conflits sans le vouloir. Pour cela, nous utiliserons un outil qui s'appelle le génogramme[20].

Il s'agit en fait d'un arbre généalogique qui traite aussi des relations entre les personnes d'une même famille. Si votre entreprise familiale est plus ancienne, vous pouvez remonter aussi loin qu'à son fondateur pour commencer votre arbre et étudier toutes les relations de votre famille, passées et présentes. Si votre entreprise familiale a été créée par l'un de vos parents, il ne sera peut-être pas nécessaire de remonter plus loin dans le temps; à vous d'en juger. Le but de cet exercice est de comprendre l'environnement actuel de l'entreprise familiale à travers les relations de la famille. Ainsi, vous pourrez éviter les relations conflictuelles et favoriser les relations épanouissantes dans la famille et dans l'entreprise, tout en identifiant les événements de la vie qui peuvent influer sur le fonctionnement familial. Vous pourrez également anticiper ces événements pour éviter les conflits et voir s'il existe des modèles répétitifs au fil des générations. En étudiant les tendances, vous serez mieux préparé(e) aux conflits qui pourraient survenir.

C'est à votre tour! Construisez votre propre génogramme en vous inspirant des symboles contenus dans les diagrammes suivants. Ils vous permettront de savoir comment bien identifier chaque membre de la famille et marquer correctement les liens qui les unissent.

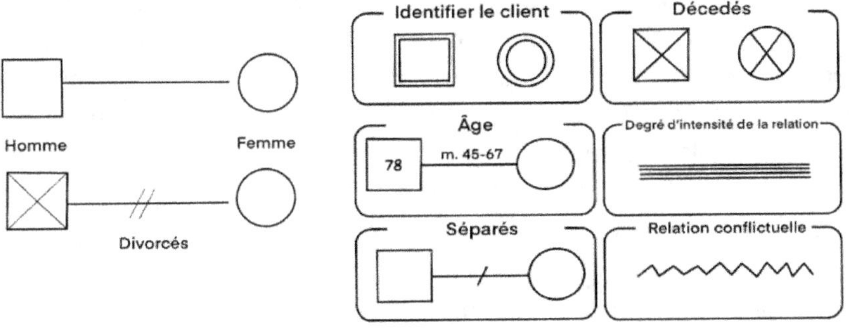

---

[20] WHITESIDE, M., ARONOFF, C., WARD, J., *How families work together*, 2e éd., Family Business Consulting Group Publications, New York, 1993, 99 p.

À titre d'exemple, voici le génogramme adapté à ma situation :

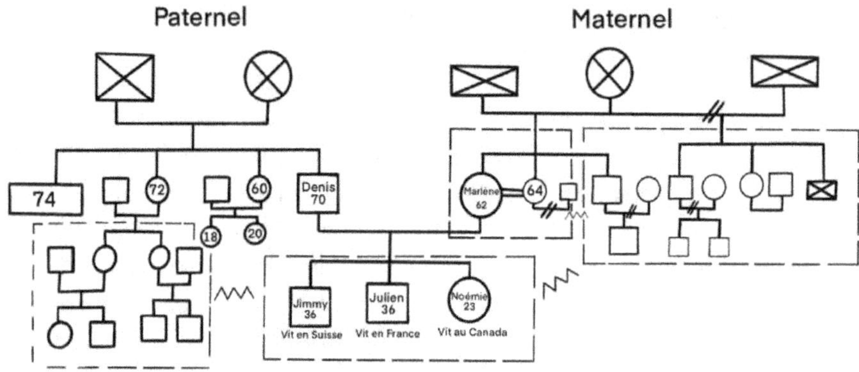

Notez bien, cependant, que le génogramme est un outil théorique. Il peut, au mieux, révéler des tendances, mais il ne peut pas prédire les comportements des individus. Il est également possible que vous vous trompiez. Puisque vous analysez les relations de votre famille, il peut arriver que vous n'ayez pas toutes les informations nécessaires sur une situation et que, par conséquent, vous pensiez que de vieux conflits subsistent encore alors qu'ils ont été résolus plusieurs années auparavant. Les personnes concernées sont peut-être devenues naturellement plus distantes à la suite de leur conflit. Par ailleurs, si vous remontez dans le temps, vous omettrez peut-être certaines informations.

Si vous n'étiez pas né(e) ou que vous étiez enfant, vous ne détenez peut-être pas tous les détails de l'histoire pour faire une analyse complète de la situation. Quoi qu'il en soit, cela peut être une bonne occasion de discuter avec vos parents ou des membres de votre famille en qui vous avez confiance, de différents conflits, passés ou présents, qui sont survenus au sein de la famille. N'oubliez pas que la communication est la clé pour régler ce type de problème! Cela peut aussi être l'occasion de régler des conflits existants entre vous et un membre de votre famille. Surtout si vous vous préparez à travailler ensemble dans le futur, il serait peut-être temps de revenir sur certains problèmes pour mieux aller de l'avant.

La plupart des conflits sont aussi le résultat d'une mauvaise interprétation, et si vous avez laissé passer un certain temps depuis ce conflit, de l'eau est sans doute passée sous les ponts et vous êtes probablement capable de vous expliquer plus calmement. Si vous vous sentez inconfortable à l'idée de confronter cette personne, n'hésitez pas à faire appel à un médiateur. Que ce soit une personne externe à la famille ou quelqu'un que vous savez neutre, assurez-vous qu'elle pourra veiller à ce que le ton ne monte pas trop et qu'elle saura poser les bonnes questions pour dénouer le conflit. Si le conflit est plus important et qu'il concerne plusieurs personnes de la famille, vous pouvez aussi demander un conseil de famille exceptionnel.

Les conflits entre humain et particulièrement en famille sont naturels et sains, mais rester en mauvais termes et laisser les relations se détériorer ou devenir toxiques n'est pas souhaitable et il faut y remédier avant que cela ne porte atteinte aux personnes concernées et à leur entourage. Personne n'aime voir une famille se déchirer et lorsqu'il s'agit d'une famille en affaires, les enjeux sont plus sérieux puisque les conflits peuvent nuire à l'entreprise et se répercuter sur les employés extérieurs à la famille. N'oubliez donc pas que les relations sont vouées à évoluer dans le temps. Vous avez représenté ici le génogramme de votre famille actuellement en affaires, mais vous devrez sûrement en refaire un éventuellement pour représenter les nouvelles alliances (mariages), les nouvelles personnes (conjoint et enfants), les décès, etc. Je vous conseille donc de garder cet outil sous la main. Les relations, qu'elles se caractérisent par des alliances ou des conflits, ont tendance à s'intensifier au fil des générations. Imaginez un peu le tableau : vos parents ont commencé seuls (deux), ils ont peut-être eu trois enfants (en vous comptant). Si chaque enfant a lui-même trois enfants, cela fait neuf petits-enfants capables de s'impliquer dans l'entreprise familiale un jour. Il est peu probable que les neuf veulent se joindre à l'entreprise, mais ce n'est pas impossible. Un jour, ces neuf petits-enfants auront eux aussi des conjoints et des enfants. En même temps que le nombre de personnes de la famille impliquée dans l'entreprise s'agrandit, les risques de conflits augmentent également. Surtout si plusieurs veulent reprendre la propriété…

Chapitre 5
La famille dans l'entreprise

Aujourd'hui

Savez-vous qui dirige l'entreprise aujourd'hui? Est-ce qu'il s'agit d'une seule personne ou y a-t-il plusieurs personnes à la tête de l'entreprise? La même personne possède-t-elle tous les titres de propriété ou est-ce que ceux-ci sont plutôt partagés entre les différents dirigeants?

Avant de vous lancer dans l'entreprise familiale, vous devez connaître les enjeux liés à sa direction et à sa propriété, surtout si vous souhaitez un jour la reprendre. Commençons par le commencement. Qui dirige l'entreprise familiale actuellement? Est-ce qu'il s'agit de votre grand-père ou de votre grand-mère? De votre père ou de votre mère? De votre oncle, votre tante, votre frère ou votre sœur? Dans mon cas, le dirigeant est mon père, c'est-à-dire qu'il s'occupe de l'aspect moral, financier et juridique de l'entreprise et qu'il lui revient de déterminer les stratégies à court, moyen et long terme. Il a le titre officiel de président et il est seul à la direction.

Qui dirige donc votre entreprise familiale et quelle part cette personne en détient-elle? Cette personne est-elle seule ou partage-t-elle la direction avec une autre personne? Cette autre personne fait-elle partie de la famille ou est-ce une personne externe? Les mêmes titres sont souvent utilisés dans différentes entreprises, mais ne veulent pas toujours dire la même chose. Au-delà du titre de président, vous devriez vous intéresser au rôle du dirigeant vis-à-vis de l'entreprise en tant qu'entité à part entière, mais aussi et surtout des employés (de la famille ou non) et de leurs tâches quotidiennes. Vous n'avez pas à savoir immédiatement si vous souhaitez reprendre l'entreprise familiale pour vous pencher sur ce qui la compose. Je vous conseille d'ailleurs de vous y intéresser quoi qu'il en soit!

Au-delà du fait que toute personne qui travaille dans une entreprise doit savoir comment elle est gérée, vous avez probablement la responsabilité, même si ce n'est pas encore votre objectif, de reprendre l'entreprise le jour où le dirigeant se retirera. Bien évidemment, vous pourrez refuser si ce n'est pas votre désir, mais sachez toutefois que, dans la tête de vos parents, vous êtes sans doute dans la course depuis votre naissance. Dans votre cas, il est donc d'autant plus important d'avoir la structure de la direction en tête si vous décidez finalement de vous lancer dans le processus de relève ou si un accident arrive avant que vous ne commenciez le processus. Nul n'est à l'abri des accidents, surtout lorsque les dirigeants, c'est-à-dire généralement vos grands-parents ou vos parents, vieillissent. Vous n'avez sûrement pas envie d'y penser et encore moins d'en discuter. Pourtant, cette conversation est impérative. Savez-vous qui est chargé de reprendre l'entreprise en cas d'accident ou du décès du dirigeant? Si vous faites partie de la liste des successeurs potentiels, vous aimeriez probablement le savoir. Et même si la reprise de l'entreprise est votre objectif final, votre scénario idéal n'est sûrement pas de la reprendre littéralement du jour au lendemain!

Si on dit de la mise en place de la relève qu'il s'agit d'un processus, c'est parce qu'elle est composée de plusieurs étapes pour assurer votre formation. Et même si vous êtes préparé(e), entre le choc émotionnel d'un accident ou de la perte d'un être cher et les nouvelles responsabilités qui vous seront confiées, il peut être très facile de perdre pied.

Examinons ensemble un exemple concret :

Vos parents partent en ski et votre père, qui est le dirigeant, se casse une jambe. Il doit subir une opération et être au repos pendant une semaine. Il dispose de toutes ses capacités mentales et est apte à accomplir certaines tâches au sein de l'entreprise, mais il a besoin que quelqu'un soit sur place pour veiller au bon déroulement des opérations et il vous nomme temporairement responsable. Que faites-vous? Êtes-vous capable de l'aider pendant une semaine afin que l'entreprise continue de fonctionner normalement pendant son absence? Serez-vous prêt(e) à parler aux bonnes personnes pour déléguer certaines tâches, à vérifier que les paiements de la semaine soient faits? Bref, il est indispensable que vous connaissiez le fonctionnement de l'entreprise et de sa direction en dehors de vos objectifs personnels et professionnels. Vous devez être prêt(e) à toute éventualité.

Les entreprises familiales ont cette particularité : même si vous venez de débuter et qu'il s'agit d'une petite entreprise, on pourrait vous demander de remplacer le patron au pied levé en cas de besoin. Avoir connaissance de votre environnement vous aidera grandement à accomplir vos tâches advenant qu'on vous confie la gestion des activités pour une durée temporaire.

Maintenant que vous savez qui dirige l'entreprise, savez-vous à qui elle appartient? Est-ce que l'entreprise appartient à la personne ou aux personnes qui la dirigent? Est-ce que l'entreprise appartient exclusivement aux membres de la famille ou est-ce que des personnes externes possèdent aussi des parts? Quand on parle d'appartenance, on parle bien de propriété. La propriété d'une entreprise est définie par des parts en pourcentages. Ces parts sont calculées en fonction de l'apport d'un individu à l'entreprise par rapport au capital de cette dernière. Ainsi, une personne, souvent le fondateur, peut avoir la propriété totale de l'entreprise, à 100 %. Dans le cadre d'une entreprise familiale, le propriétaire peut décider de « donner » des parts à ses enfants, la relève, pour faciliter le transfert. Mon père, par exemple, a « donné » 10 % à chacun de mes frères tandis qu'il m'a cédé 20 %. Cet écart s'explique par la différence d'âge entre mes frères et moi. Quand mon frère et moi serons un peu plus avancés dans notre projet, nous réévaluerons le rachat des parts de notre frère et celles de notre père.

Les titres de propriété font partie du domaine de la finance et ce n'est pas le sujet de ce livre. Je ne m'étendrai donc pas sur ce propos. L'intérêt de cette partie est simplement de vous montrer qu'il existe plusieurs nuances dans la direction d'une entreprise, surtout dans le cas d'une entreprise familiale. Le sujet est assez complexe et chaque famille et entreprise a ses particularités. À la fin de ce chapitre, vous devriez avoir une idée plus claire de ce qui compose la direction et mieux comprendre ce en quoi consiste la propriété en général. Vous serez plus conscient(e) de votre environnement et serez capable de prendre des décisions qui vous concernent en suivant vos envies.

Avant de terminer cette section, reprenez votre modèle des 3 cercles et remplissez de nouveau le cercle de la propriété et les parties intermédiaires qui croisent l'entreprise et la famille.

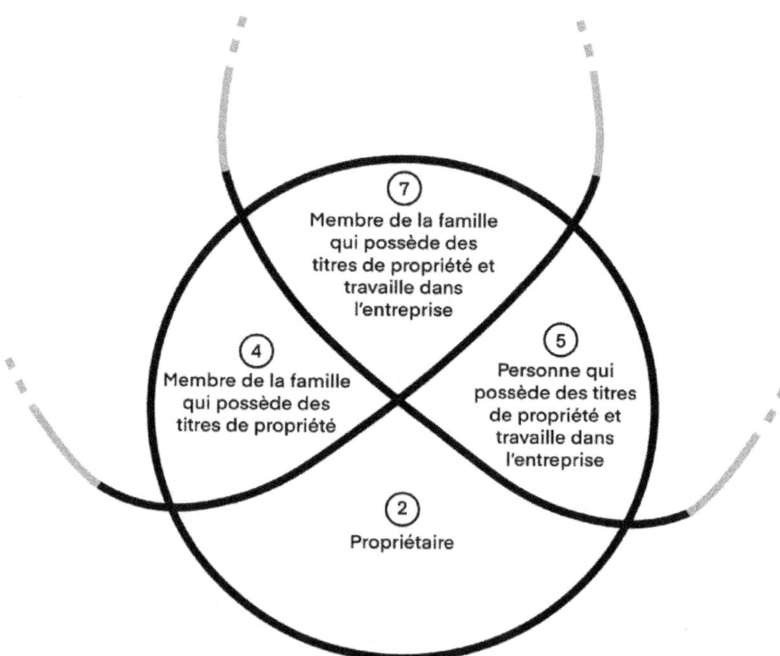

Avez-vous vu juste dès le début ou avez-vous dû ajouter, changer ou retirer des personnes? Comme vous le voyez, ce modèle est évolutif, d'abord sur le plan du mouvement des personnes, mais aussi sur celui de votre compréhension de l'environnement de l'entreprise. Gardez cet outil sous la main tout au long de votre lecture, nous l'utiliserons quelques fois.

Demain

Qui est la génération montante? Et à quoi ressemblera la structure de l'entreprise familiale après la relève? Maintenant que vous avez une parfaite connaissance de l'environnement actuel, il est temps d'imaginer à quoi ressemblerait votre futur si vous décidiez de vous impliquer dans l'entreprise familiale. Inutile de jouer les voyants, une communication efficace avec les membres de votre famille suffira à vous éclairer.

En parlant avec votre entourage, voyez qui semble vouloir s'impliquer et qui semble vouloir reprendre l'entreprise familiale. Vous l'aurez compris, toutes les discussions que vous entreprenez actuellement ne sont pas décisives. Il ne s'agit pas de demander à la personne en face de vous qu'elle décide du reste de sa vie dans l'immédiat. Ces discussions ont simplement pour but d'amorcer une réflexion sur la relève, réflexion qui pourra être explorée à nouveau plusieurs fois avant et pendant le processus. Les gens peuvent changer d'avis très rapidement et sans préavis, il est donc important de prendre régulièrement connaissance des pensées et décisions de chacun. Pendant l'écriture de ce livre, un de mes frères nous a annoncé qu'il songeait à rejoindre l'entreprise familiale. Au moment où j'écris ces lignes, il est en période d'essai. À 36 ans, il a déjà occupé différents postes au sein de plusieurs entreprises; il n'est donc jamais trop tard pour s'essayer!

De nombreuses personnes peuvent vouloir quelque chose, comme reprendre l'entreprise, mais se rendre compte en cours de route de tout le travail que nécessite un tel projet, pour finir par se décourager et s'y désintéresser. Il est tout à fait naturel et normal de changer d'avis, même si ces allers-retours fréquents peuvent vous agacer à la longue. Gardez votre sang-froid et essayez d'apporter votre soutien à la personne qui en a besoin. Elle vit probablement des incertitudes ou craint de s'engager dans un projet aussi important, comme c'est peut-être votre cas si vous lisez ce livre présentement. Vous vous demandez si vous voulez vous impliquer dans l'entreprise familiale ou si vous voulez succéder à la génération en place, et vous avez sûrement changé de nombreuses fois d'avis au fil des pages! Soyez patient(e) envers vous-même et surtout envers votre famille; après tout, un processus de relève peut s'échelonner sur 10 ans! Dans un projet personnel et professionnel aussi important, vous voulez vous donner les moyens de réussir et comme votre famille est directement touchée par votre décision, vous ne souhaitez probablement pas leur faire perdre leur temps et les décevoir.

Ainsi, le paysage de la relève est voué à évoluer dans les années précédant sa mise en action, et même pendant. L'analyse que vous ferez aujourd'hui changera très probablement d'ici là, mais de l'amorcer dès maintenant vous aidera dans votre processus décisionnel. Pour cet exercice de projection, reprenez votre modèle des 3 cercles. Cette fois-ci, utilisez les 3 cercles comme dans le chapitre 2 de ce livre et projetez-vous dans 10 ans.

Les 7 territoires

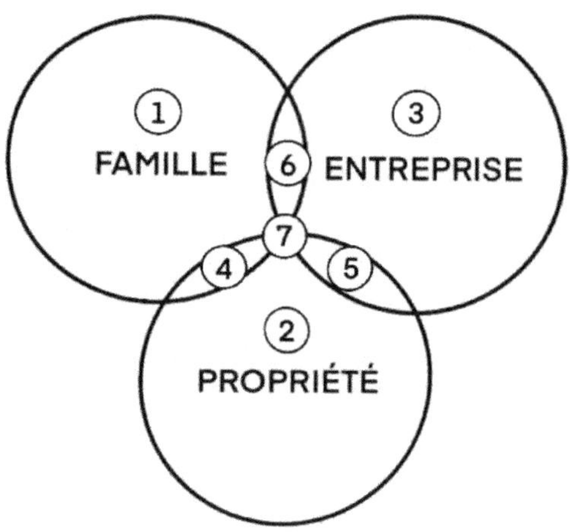

Commençons par le cercle de la famille (1 et 6). Quel âge ont vos parents, vos frères et vos sœurs en ce moment? Quel âge avez-vous? Si vous le pouvez, gardez ces informations quelque part. Évaluer l'âge des membres de votre famille dans 10 ans vous permettra d'estimer le temps restant avant la relève et de construire un plan d'action en conséquence. Dans 10 ans, quel âge auront vos frères et vos sœurs? S'ils sont encore jeunes aujourd'hui, seront-ils alors en âge de dire s'ils veulent s'impliquer dans l'entreprise familiale? Au contraire, sont-ils plus âgés que vous et prévoient-ils fonder une famille? Peut-être aussi qu'ils seront satisfaits dans leurs propres projets professionnels et qu'ils ne voudront pas s'impliquer; les scénarios sont multiples! Si vous pensez qu'ils auront des enfants, ajoutez-les dans la zone 1 de la famille. N'oubliez pas que la famille proche influence le comportement des personnes autour de vous! Et pensez à déplacer vos frères et sœurs dans la zone 6, la zone intermédiaire entre la famille et l'entreprise, si vous pensez qu'ils s'impliqueront dans l'entreprise. Nous étudierons les nuances plus tard.

Ces questions sont difficiles, certes, et il est presque impossible d'y répondre avec certitude, mais n'oubliez pas qu'il s'agit d'un exercice de projection qui a pour seul et unique but de vous aider à visualiser votre avenir dans l'entreprise familiale. Et vous? Quel âge aurez-vous dans 10 ans? Où vous voyez-vous? Votre vision correspond-elle à vos décisions actuelles? Arrivez-vous à vous imaginer dans une autre entreprise ou à un autre poste qu'au sein de l'entreprise familiale? À quoi ressemble votre vie personnelle? Avez-vous des enfants? Vous pouvez inscrire toutes ces suppositions dans le cercle de la famille, directement sur votre modèle. Finalement, vous placez-vous dans la zone 1 de la famille ou dans la zone 6 avec un pied dans l'entreprise? Quel âge auront vos parents? Si vous prévoyez que vos parents seront retraités, inscrivez-les dans la zone 6, la famille, puisqu'ils ne seront plus officiellement impliqués.

Poursuivons avec le cercle de l'entreprise. Sur le même modèle, essayez d'évaluer les mouvements des employés dans les 10 années à venir. Évidemment, dans le cas d'une petite PME employant une dizaine de personnes, ce travail est beaucoup plus simple que pour une multinationale. Si votre entreprise possède beaucoup d'employés, essayez de raisonner par secteur d'activité ou par nombre. Est-ce que certains secteurs risquent de disparaître suite à l'évolution des technologiques, par exemple, ou est-ce que le nombre d'employés risque de grossir ou de diminuer?

Encore une fois, le but est ici de vous donner une idée de l'évolution de l'environnement de l'entreprise familiale. Si vous décidez de reprendre la direction, il est important que vous connaissiez le nombre d'employés et les différents secteurs d'activité qui la composent, d'autant plus que vous devrez probablement faire un tour des services pendant votre intégration sur le terrain. Si votre entreprise est plus petite et que vous pouvez connaître chaque personne qui y travaille, il faudra plutôt se poser la question des retraites et des créations de postes. Est-ce que certains employés sont appelés à prend leur retraite dans les 10 prochaines années, ou est-ce qu'un nouveau projet en cours de développement nécessitera plus de main-d'œuvre ou de travailleurs, vous amenant à embaucher un certain nombre de personnes?

Maintenant, notez dans la zone 3 les personnes ou les secteurs d'activités que vous prévoyez garder dans les 10 années à venir. Évidemment nous ne pouvons prévoir les changements dans la vie de chaque individu (déménagement, mariage, nouvel emploi), mais le but ici est simplement de vous donner une idée des personnes qui travailleront avec vous ou que vous dirigerez. Peut-être qu'une personne que vous n'appréciez pas partira à la retraite et que cela vous amènera à réfléchir à l'idée de reprendre l'entreprise.

Je n'approfondirai pas le sujet, mais vous pouvez aussi noter le mouvement des personnes qui apparaissent dans la zone 5, s'il y en a. Il s'agit des personnes externes à la famille, qui sont employées dans l'entreprise et qui possèdent des parts de propriété. Ce cas est assez rare dans les entreprises familiales et je ne développerai donc pas cet aspect, puisque votre compréhension générale du sujet doit être assez bonne jusqu'à maintenant.

Le dernier cercle n'est pas des moindres! Il concerne la propriété de l'entreprise familiale. Ici, plusieurs cas de figure peuvent être développés. La première est la plus simple : une seule personne, vous ou une autre personne de la famille, comme votre frère ou votre sœur, reprend seul(e) la totalité de la propriété. De manière plus complexe, il est aussi possible de reprendre en équipe. Deux personnes ou plus peuvent aussi décider de reprendre ensemble l'entreprise et se diviser la propriété dans ce sens. Attention, il n'est pas obligatoire de partager en parts égales. Si une personne est impliquée depuis beaucoup plus longtemps, elle peut avoir plus de parts que son associé qui vient de se joindre à l'aventure. Ici, on parle des cas de figure ou la famille reprend l'entière propriété. Sur notre modèle des 3 cercles, on se situe donc au numéro 4.

La zone 2 représente les propriétaires externes à l'entreprise. Il peut arriver que pour des raisons financières, les dirigeants de l'entreprise familiale prennent la décision d'en vendre une partie à des personnes externes. En se concentrant sur les zones 4 et 2, on peut en un coup d'œil voir si l'entreprise familiale est gérée par la famille exclusivement, un partage entre la famille et des actionnaires externes ou seulement des actionnaires externes, mais dans ce cas, on ne peut plus parler d'entreprise familiale puisque la famille n'a plus la majeure partie de la propriété.

Pour clore ce chapitre, dites-moi : comment voyez-vous la propriété de l'entreprise dans 10 ans? Pensez-vous être la seule personne impliquée à la suite de vos parents, ou si d'autres personnes de votre famille voudront également détenir des titres de propriété? Connaissez-vous des candidats à la relève parmi votre famille ou pensez-vous que vos parents devront vendre l'entreprise à des actionnaires externes? Si cette dernière option est envisagée présentement, qu'est-ce que cela vous fait? Êtes-vous triste ou plutôt soulagé? Souhaitez-vous tout faire pour garder l'entreprise familiale « dans la famille »?

À titre d'exemple, dans 10 ans, l'environnement de l'entreprise de ma famille pourrait ressembler à ça :

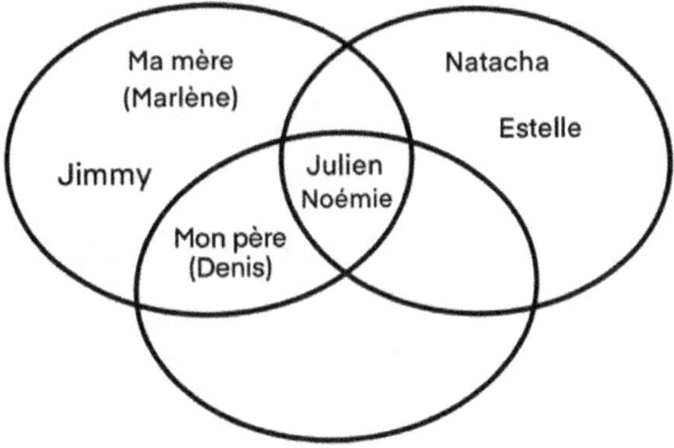

Chapitre 6
L'héritage

Capital culturel

Quand on pense héritage, on pense souvent à l'argent et aux biens qu'on peut récupérer à la mort de nos parents. Ce sujet est souvent considéré comme tabou et source de conflits pour les enfants. Mais il existe un autre héritage dont on ne parle pas souvent et qui est pourtant bien plus important que quelques biens matériels légués par nos parents : l'héritage culturel.

L'héritage culturel représente principalement les valeurs, les principes et les traditions que nos parents nous inculquent dès notre naissance et qui participent au développement de notre personnalité, mais aussi aux grands traits qui déterminent et unissent notre famille. Cet héritage culturel est d'autant plus présent dans une famille en affaires. Il y a, d'un côté, les valeurs familiales et de l'autre, les valeurs de l'entreprise familiale. Toutes sont reliées par l'entremise des membres de la famille impliqués dans l'entreprise et, plus particulièrement, du dirigeant.

La culture familiale et la culture d'entreprise sont souvent similaires et rarement contradictoires, ce qui facilitera grandement votre intégration. Les valeurs d'une entreprise, comme nous l'avons vu dans le chapitre 1, sont souvent le reflet du fondateur ou du dirigeant et, puisque les valeurs font partie de la personnalité d'une personne, il est pratiquement impossible que ses valeurs soient radicalement opposées entre la maison et le bureau.

Au chapitre 1, vous avez déterminé les valeurs de votre entreprise. Maintenant, vous referez l'exercice afin d'analyser les valeurs de votre famille. Observez vos parents : quelles sont les valeurs que votre mère prône avant tout? Quelles sont celles de votre père? Quelles sont les valeurs de votre famille? Est-ce qu'elles représentent les valeurs de vos deux parents? Si c'est le cas, le mélange des deux est-il harmonieux ou occasionne-t-il quelques frictions? Des valeurs différentes de celles de vos parents se sont-elles ajoutées à l'arrivée de nouveaux membres? Quelles sont-elles? Respect, honnêteté, autonomie, solidarité?

Gardez de côté vos notes sur les valeurs de l'entreprise et de votre famille, nous les étudierons une nouvelle fois dans la dernière partie lorsque vous déterminerez vos valeurs personnelles.

Dans l'héritage culturel entrent également en ligne de compte les traditions. Les traditions familiales peuvent se transmettre par les fêtes, la religion ou même la nourriture! Elles donnent souvent lieu à des situations dans lesquelles la famille partage des valeurs communes d'union, d'empathie et de solidarité. Pouvez-vous penser à quelques traditions observées par votre famille? Votre famille est-elle religieuse? Ses traditions sont-elles liées à la pratique d'une religion particulière? Fêtez-vous Noël, par exemple, et de quelle façon?

Faites la liste de quelques-unes de vos traditions familiales et observez si certaines d'entre elles ont trouvé leur place dans l'entreprise familiale d'une façon ou d'une autre. Pour Noël, par exemple, comment votre tradition se traduit-elle au sein de l'entreprise? Décorez-vous les bureaux d'un sapin? Une soirée spéciale est-elle organisée? Ou encore, un échange de cadeaux? Si vous ne pensez à aucune tradition familiale observée par l'entreprise, demandez-vous si c'est quelque chose que vous souhaiteriez mettre en place si vous rejoigniez l'entreprise? Toutes vos traditions sont-elles applicables au monde de l'entreprise? Pensez-vous que des fêtes d'origines religieuses pourraient faire leur place dans l'entreprise et, si oui, comment pourriez-vous adapter vos traditions familiales à la diversité de l'entreprise?

La plupart des fêtes familiales sont inspirées de la religion traditionnellement pratiquée par la famille et il peut être délicat de les incorporer au monde de l'entreprise, où les convictions peuvent être différentes. Faites preuve de délicatesse et n'hésitez pas à demander l'avis des personnes concernées si vous souhaitez partager vos traditions familiales sur le lieu de travail. En les mobilisant, vous aurez plus de chance de réussir votre projet.

Associer les traditions familiales avec l'entreprise familiale permet de rassembler les employés et la famille pour créer une grande « famille » au sein de l'entreprise; une famille avec ses propres traditions et ses valeurs, mais qui s'inspirent de celles de votre famille et auxquelles les dirigeants du passé ont ajouté leur grain de sel. En incluant les employés dans la grande famille de l'entreprise, vous améliorez leur mobilisation, mais vous partagez aussi l'héritage culturel de vos ancêtres et les aidez à se connecter à l'entreprise. Ainsi, la culture d'une entreprise familiale, dont nous avons parlé au chapitre 1, s'inspire beaucoup de l'héritage culturel familial, d'où l'importance d'analyser votre culture familiale et celle de l'entreprise, ensemble et séparément, pour identifier les ressemblances et les différences. Gardez à l'esprit que vous êtes libre d'interpréter vos analyses comme vous le souhaitez. Dans ce domaine, il n'y a pas de mauvaise réponse. Le but est simplement de vous montrer les différentes avenues qui s'offrent à vous si vous décidez de rejoindre l'entreprise familiale. Vous pouvez certainement apporter votre pierre à l'édifice et participer activement à l'héritage familial dans l'entreprise familiale. C'est une belle façon de reconnaître les générations précédentes, comme nous l'avons mentionné au chapitre 3, et de commencer votre intégration.

Capital économique

L'héritage culturel de la famille que l'on intègre à l'entreprise crée un attachement émotionnel fort. L'entreprise devient, malgré elle, à la fois une famille pour les personnes qui y travaillent et un membre à part entière de la famille pour la famille en affaires. Presque comme un enfant, elle demande une attention quotidienne.

L'attachement émotionnel est d'autant plus fort quand la gérance de l'entreprise est transmise depuis plusieurs générations déjà, un peu comme un précieux bijou de famille, et que tous ses dirigeants et vous-même avez été en contact avec elle d'une façon ou d'une autre depuis votre plus jeune âge. Vous avez sûrement vu vos parents travailler d'arrache-pied pour s'en occuper comme s'il s'agissait d'un de leurs enfants, et, exactement comme c'est le cas pour un membre de la famille, personne ne souhaite voir l'entreprise échouer, vivre des difficultés ou disparaître. Vos parents et vous-mêmes souhaitez sans doute qu'elle reste dans la famille dans le but de préserver la culture d'entreprise. Seul un membre de la famille peut continuer de transmettre les valeurs familiales et les traditions. Puisque l'attachement à l'entreprise familiale est souvent très fort, il est difficile de la considérer comme un simple bien à léguer et il est tout aussi difficile pour la génération sortante de s'en séparer. Le découpage des parts d'une entreprise familiale entre la génération sortante et la génération montante est très délicat et se fait souvent en plusieurs étapes propres à chaque entreprise et famille. Le but de cet ouvrage n'est pas d'identifier les étapes du processus de la relève, mais plutôt de vous aider à déterminer les enjeux et de vous encourager à amorcer des conversations avec les personnes concernées.

Comme cela a été mentionné au début du chapitre, l'héritage, et particulièrement l'héritage économique, c'est-à-dire l'argent et les biens, est très souvent un sujet tabou dans les familles. Mais lorsque l'avenir d'une entreprise en dépend, le sujet devient incontournable et il faut le préparer en amont.

Vous avez déjà analysé, dans la section précédente, la situation actuelle de l'actionnariat. Vous devez donc maintenant savoir à qui appartient l'entreprise et dans quelles proportions. Vous avez également fait des suppositions sur ce à quoi pourrait ressembler l'environnement de l'entreprise dans 10 ans grâce au modèle des 3 cercles, dont faisait partie l'actionnariat (la propriété). Malheureusement, dans le cas d'un sujet aussi sérieux que celui-ci, l'imagination ne sera pas suffisante : il faudra établir un plan détaillé et avoir de nombreuses conversations sur le sujet avec tous les membres de la famille, y compris avec ceux qui ne sont pas impliqués dans l'entreprise. Comme nous l'avons vu dans le chapitre 3, bien que l'entreprise soit une entité à part entière, elle est aussi étroitement liée à la famille et à ceux qui n'en sont pas actionnaires. Les décisions qui seront prises sur la propriété de l'entreprise affecteront la famille au sens large, puisqu'elles auront un impact direct sur ses revenus.

En France, par exemple, le propriétaire d'une entreprise peut décider de faire une donation-partage[21] à ses enfants en donnant des parts de son entreprise en prévision de l'héritage. Jusqu'à 71 ans, le propriétaire peut bénéficier d'une réduction de 50 % sur les droits de donation, il a donc tout intérêt à donner son entreprise à ses enfants avant d'arriver à cet âge. Le problème, c'est que le capital de la cession de l'entreprise correspond souvent aux revenus de retraite du dirigeant et que s'il donne son entreprise à ses enfants sous forme de parts, il perd ainsi les revenus qui lui assuraient un certain confort pour ses vieux jours...

L'exemple précédent représente bien l'impact que chaque décision de l'entreprise peut avoir sur la famille. Rien n'oblige le dirigeant à donner des parts équivalentes à chacun de ses enfants, ce qui fait que vous n'avez peut-être pas le même montant que vos frères et sœurs pour le moment. Tout devrait se rééquilibrer au moment de la succession, suite au décès de vos parents, en compensant avec le patrimoine personnel disponible ou avec de l'argent. Sachez cependant que la donation-partage gèle la valeur de l'entreprise à sa signature. Ainsi, si vous travaillez dans l'entreprise et multipliez sa valeur, vos frères et sœurs ne pourront pas en bénéficier. Gardez à l'esprit qu'avoir des parts dans une entreprise signifie aussi avoir des droits et des devoirs. Vos frères et sœurs ont donc le droit de vote et de vue sur la gestion de l'entreprise familiale même s'ils n'y sont pas impliqués et qu'ils détiennent une minorité.

Au Québec, ou ailleurs, les enjeux restent similaires même si les lois et la fiscalité sont bien différentes. Par exemple, au Québec, avant 2016, il était plus avantageux pour un parent de vendre son entreprise à un tiers plutôt qu'à ses enfants. Depuis 2016, les lois fiscales ont sensiblement changé pour inverser ce fait, mais elles ne concernent pas tous les secteurs d'activités. Quoiqu'il en soit, il faudra vous rapprocher de vos avocats ou d'un fiscaliste au moment où vous souhaiterez rejoindre l'entreprise pour déterminer les différentes options qui s'offrent à vous et choisir la plus avantageuse.

---

[21] Assistant-Juridique, *Est-il préférable de vendre ou de donner l'entreprise à ses enfants?*, 2021, [En ligne], adresse URL : https://www.assistant-juridique.fr/vente_donation_entreprise_enfants.jsp

Les problématiques concernant les parts ne sont pas considérées comme prioritaires par les familles tant que tout le monde s'entend bien et que les parents sont en bonne santé. Mais que se passera-t-il au décès de vos parents? Comment l'héritage de l'entreprise sera-t-il distribué entre les enfants impliqués et ceux qui ne le sont pas?

Pour éviter des sources de conflits supplémentaires à toutes les questions qui concernent l'héritage, discutez-en dès aujourd'hui avec vos parents et laissez-les prendre la décision. Dans la mesure du possible, toutes les transactions concernant la relève devraient être faites avec vos parents tant qu'ils sont encore présents, afin qu'ils puissent trancher et servir de médiateur entre vous et vos frères et sœurs. Si vous ne réglez pas l'héritage de l'entreprise familiale avant le décès de vos parents, les affaires de l'entreprise risquent d'être mêlées à l'héritage familial, ce qui pourrait grandement compliquer la répartition des parts, augmenter le temps de la transition et probablement déclencher des conflits. N'oubliez pas non plus que l'entreprise risque d'être automatiquement divisée par le nombre d'enfants et que cela pourrait rapidement semer la panique au sein des employés, mais aussi durement affecter le dirigeant actuel. En effet, c'est ce dernier qui, endeuillé par la mort de ses parents, devra continuer de diriger l'entreprise tout en subissant les pressions de ses frères et sœurs... Ce n'est pas une solution envisageable. Si vous le pouvez, prenez donc le temps de discuter ce sujet avec votre famille, d'écouter les volontés de chacun et de prendre des décisions éclairées. Votre famille est précieuse et l'entreprise est une richesse. Vous vous devez de bien préparer l'héritage dès le début de votre intégration si vous souhaitez que ce à quoi vous tenez perdure.

Dans l'entreprise familiale, la famille occupe une place centrale. Toutes ses facettes y sont présentes d'une façon ou d'une autre et il vous sera impossible de séparer complètement votre vie familiale de votre vie en affaires. Il y a de très bons côtés à cela, mais il ne faut tout de même pas négliger la charge émotionnelle que cette situation représente. Toutes vos émotions, heureuses et malheureuses, sont décuplées. Un peu comme si vous étiez parents de deux familles, vous investirez beaucoup sur le plan personnel (énergie, temps, finances), mais jouirez aussi de beaucoup de très bons moments et de souvenirs qui se transmettront de génération en génération bien après votre départ. Vous développerez également de belles relations dans lesquelles vos employés deviendront des amis ou même une deuxième famille.

Tout cela peut vous paraître comme un projet d'une envergure colossale, mais toutes les étapes seront étalées sur plusieurs années et vous apprendrez graduellement tout ce que vous devez savoir, au fil de votre implication. N'ayez pas peur de vous lancer si c'est ce que vous voulez!

Et si vous ne vous en sentez toujours pas capable, peut-être que cette dernière section vous aidera à y voir plus clair.

3e étape :

Vous

Chapitre 7
Vos motivations personnelles

La famille

La première question à vous poser est la suivante : qui ou qu'est-ce qui vous a donné l'idée de vous joindre à l'entreprise familiale? La deuxième serait : pourquoi voulez-vous rejoindre et reprendre l'entreprise familiale?

Maintenant que vous avez tous les outils théoriques et techniques pour comprendre l'environnement et les enjeux spécifiques d'une entreprise familiale, vous êtes capable de répondre à cette dernière question en pleine connaissance de cause. La seule chose qu'il vous reste à déterminer concerne les motivations personnelles et professionnelles qui vous poussent à faire votre choix. Et puisque la famille est au centre de votre décision, vous ne pouvez pas la prendre à la légère et risquer de créer des tensions. Vous avez bien évidemment le droit de changer d'avis ou de demander une période d'essai, mais vos intentions devraient être nobles au départ.

Les questions suivantes vous aideront à déterminer l'origine de votre motivation. Si l'idée de rejoindre l'entreprise familiale vient de vous, il y a de fortes chances que votre motivation soit beaucoup plus élevée que si ce sont plutôt vos parents qui vous poussent depuis l'enfance à vous investir alors que vous ne le souhaitez pas. Il est donc important que vous déterminiez si l'idée vient de vous ou de votre famille.

Subissez-vous des pressions de votre famille pour rejoindre l'entreprise? Existe-t-il une autre solution si vous décidez de ne pas reprendre les rênes de l'entreprise? Est-ce qu'un autre membre de la famille peut les reprendre? L'entreprise devra-t-elle être vendue si aucun membre de la famille ne s'engage à succéder au dirigeant en place? Si l'intérêt et l'idée viennent de vous, la pression sera bien moindre que si ce sont vos parents ou d'autres membres de votre famille qui vous incitent à rejoindre l'entreprise.

Suivant votre cas, je vous conseille d'apporter une attention particulière à cette partie, car elle vous aidera à déterminer vos motivations profondes et donc à savoir si ce projet est viable ou si, au contraire, votre intérêt pointe dans une autre direction. Soyez sincère avec vous-même. Les enjeux sont grands et concernent toute votre famille et, possiblement, l'avenir des employés. Il vaut toujours mieux être sincère dès le début et risquer de blesser quelques personnes que de vivre misérablement pendant des années justes pour plaire à vos parents. Vous êtes adulte et vous avez donc le droit de prendre vos décisions indépendamment de leurs avis. Vous devez vous détacher de vos émotions un instant et affirmer votre choix, quel qu'il soit. Si vous êtes sincère et que votre argumentaire est bien préparé, votre décision sera acceptée tôt ou tard. Si c'est la volonté de vos parents que vous rejoigniez l'entreprise et que votre réponse finale est non, ils seront très probablement déçus ou fâchés pendant un moment. Même si c'est le cas, c'est un risque que vous devez prendre. Si vous faites preuve de sincérité, ils reviendront nécessairement vers vous à un moment ou un autre et se montreront peut-être même reconnaissant que vous ne vous soyez pas impliqué contre votre volonté. D'ailleurs, sachez que forcer une personne à s'impliquer dans l'entreprise alors qu'elle ne le souhaite pas n'est pas une bonne stratégie. En effet, la personne ne fournirait sans doute jamais des résultats équivalents à une personne réellement intéressée, dont les motivations seraient profondes et véritables. Ne prenez donc pas cette décision à la légère.

Expliquez à votre famille les raisons qui vous poussent à refuser un poste dans l'entreprise. Expliquez-leur les risques qu'ils prendraient en vous embauchant en dépit de vos réticences. Ils perdraient du temps, de l'argent et l'image de l'entreprise pourrait s'en trouver assombrie aux yeux des autres employés et du reste de la famille. Vous pouvez également proposer une autre solution. Si vous êtes enfant unique, par exemple, ou que vos frères sœurs sont déjà impliqués ailleurs, peut-être pourriez-vous élargir la proposition à vos cousins et cousines éloignés. Vous pourriez également rapporter l'idée auprès de vos frères et sœurs, qui pourraient être mûrs pour une réorientation de carrière. Il existe certainement des solutions et vous pourriez être surpris des résultats en proposant l'idée autour de vous. Évidemment, ces démarches montreront également votre intérêt pour l'entreprise et pour sa prospérité, même si vous ne souhaitez pas vous impliquer personnellement.

Quoiqu'il en soit, vous devez voir au-delà des émotions qui vous poussent à ne pas décevoir vos parents et faire preuve de maturité. Réfléchissez bien aux conséquences de votre décision, qu'elle soit positive ou négative. Prenez du temps pour peser le pour et le contre et demandez une période d'essai dans un secteur qui vous intéresse, ou passez une journée avec vos parents pour avoir une idée plus concrète de leurs tâches quotidiennes.

Si vous souhaitez reprendre l'entreprise familiale, vous pouvez aussi vous poser les mêmes questions. En quoi la famille impacte-t-elle votre décision? Souhaitez-vous vous impliquer pour préserver l'héritage familial, par exemple.

Vous

En retirant le facteur famille de l'équation, pourquoi voulez-vous joindre l'entreprise familiale? Qu'est-ce qui vous anime dans ce projet?

Peut-être avez-vous une vocation pour l'entrepreneuriat, c'est-à-dire la création et le développement d'entreprises, mais que vous souhaitez mettre vos compétences à profit au sein de l'entreprise familiale plutôt que de partir de zéro. Reprendre une entreprise apporte son lot de défis, tout comme la création d'une entreprise. Vous trouverez donc satisfaction dans ce projet. Participer à la construction et au développement de quelque chose de plus grand que soi, en équipe, avec des gens qu'on apprécie, donne un sentiment d'accomplissement et de satisfaction incomparable. Peut-être est-ce ce que vous recherchez. Mais pour assouvir ce besoin d'accomplissent, vous devrez travailler fort et votre défi principal sera probablement de trouver un équilibre entre votre vie professionnelle et personnelle. La notion d'équilibre travail-famille constitue à la fois un défi sur le plan de la réalisation professionnelle, mais aussi un objectif que vous voulez peut-être vous fixer et que vous pensez pouvoir atteindre plus facilement en travaillant dans l'entreprise familiale. C'est effectivement une nuance que nous pouvons approfondir.

Il est vrai que votre famille sera beaucoup plus encline à vous accorder du temps pour gérer un imprévu avec vos enfants, par exemple, puisqu'ils se sentiront directement concernés par tout ce qui touche leurs petits-enfants, leurs neveux ou nièces. Si la situation peut sembler idéale dans le cas d'imprévus, cela ne veut pas nécessairement dire que l'équilibre travail-famille sera facile à atteindre en toutes circonstances, bien au contraire. Puisque vous passerez la plupart de votre temps entouré de votre famille, vous ne ressentirez peut-être pas le besoin de les voir en dehors du travail. Pourtant, il demeure primordial d'instaurer de façon volontaire un équilibre travail-famille dès le début et tout au long du processus. Vous voyez peut-être vos parents toute la journée au travail, mais avez-vous eu une conversation personnelle avec eux récemment?

Voir ses parents au travail, c'est être au travail et parler travail, ce qui n'équivaut pas, par exemple, à un dîner en famille le samedi soir. Le travail n'est pas un lieu pour avoir des conversations privées profondes et la maison n'est pas un lieu pour avoir une réunion de travail. Vous devez être intentionnel dans la séparation des lieux et des moments que vous avez avec votre famille. Évidemment, des exceptions peuvent survenir, montrez-vous flexibles au besoin. Cela dit, pour vous aider et aider votre famille à atteindre cet équilibre, vous pourriez instaurer des règles claires dès le début, comme l'interdiction de parler de travail à la maison, ou, si vous n'habitez pas ensemble, l'obligation de vous retrouver un samedi par mois pour un dîner en famille.

Nous n'entretenons pas les mêmes relations avec des collègues de travail qu'avec notre famille, cela semble évident. Or, votre famille sera là pour tous les moments importants de votre vie et mérite donc que vous fassiez l'effort de garder un contact personnel avec elle. Aux yeux de vos parents, vous demeurez leur enfant et vous devez donc nécessairement prendre en compte les facteurs sentimental et émotionnel lorsque vous définirez votre équilibre travail-famille.

Toujours dans la même optique, nous avons tendance à considérer le temps que nous passons au bureau comme du temps que nous passons en famille, mais, comme nous venons de le démontrer, ce n'est pas exactement la même chose. En plus de nuire à vos relations avec votre famille impliquée dans l'entreprise, le fait de rester très tard au bureau tous les jours, soit pour terminer un projet en cours ou prouver votre valeur au sein de l'entreprise, aura certainement un impact négatif sur votre vie personnelle. Si vous avez votre propre famille, vous devez vous assurer de leur accorder suffisamment d'attention et, si vous êtes seul(e), vous devez garder du temps pour vous, pour voir vos amis et rencontrer quelqu'un.

Les raisons qui pourraient vous motiver à faire l'inverse ne sont en fait que des excuses. Vous N'AVEZ PAS à annuler un dîner avec des amis pour terminer un projet et vous N'AVEZ PAS à prouver à tout le monde que vous êtes digne de reprendre l'entreprise en envoyant des courriels au milieu de la nuit. Votre légitimité sera acquise grâce à la qualité de votre travail, et non pas aux heures que vous cumulerez au bureau. Un travail de qualité peut être exécuté durant les heures normales d'une journée de travail. Ne mettez donc pas votre vie entre parenthèses.

En organisant votre temps dans chacune des parties de votre vie, vous arriverez certainement à trouver l'équilibre qui vous convient. N'oubliez cependant pas de garder un peu de flexibilité. Oui, une urgence au travail peut survenir de temps en temps et vous forcer à rester plus tard au bureau... Mais pas tous les jours!

Chapitre 8
Vos motivations professionnelles

Les apprentissages

Votre motivation personnelle est essentielle pour décider de rejoindre l'entreprise familiale, mais vos motivations professionnelles le sont tout autant. L'apprentissage est probablement une composante de votre motivation professionnelle sans que vous en ayez nécessairement conscience.

Lorsque vous commencez un nouveau travail, vous devez forcément développer de nouveaux savoirs : un savoir-faire, mais aussi un "savoir-être" pour apprendre à accomplir correctement vos tâches. Si vous voulez rejoindre l'entreprise familiale, vous devrez, comme dans n'importe quelle autre entreprise, apprendre à faire votre travail comme on s'y attend. Et si vous voulez un jour reprendre l'entreprise familiale, vous devrez apprendre le métier de vos parents, mais aussi en apprendre plus de vos parents. Cela peut vous sembler intimidant a priori, mais, en fin de compte, qu'y a-t-il de plus naturel que d'apprendre de nos parents? Ils vous ont sans doute déjà appris à marcher, à parler, vous ont aidé à faire vos devoirs et vous ont guidé dans vos premières grandes décisions. Vous avez déjà vécu ce processus plusieurs fois depuis votre naissance. Et même si ces moments ne vous rappellent pas que de bons souvenirs, votre maturité et votre intérêt pour le projet aboutiront probablement à une meilleure expérience cette fois-ci.

Ne vous en faites donc pas avec ce processus. Vous avez déjà appris de vos parents par le passé et vous l'avez probablement fait dans de moins bonnes conditions, et dans un moins bon état d'esprit. De toute façon, vos parents ne seront pas en mesure de passer la journée avec vous pour vous apprendre les ficelles du métier et vous devrez donc suivre des employés spécialisés dans certaines tâches, qui sauront eux-mêmes vous transmettre quelques notions importantes sur le travail dans l'entreprise. Vous aurez ainsi l'occasion d'avoir différents « instituteurs » tout au long de votre formation, au départ et pendant toute votre carrière.

Prenez conscience que votre phase d'apprentissage durera bien plus que quelques mois durant votre intégration; elle se poursuivra tout au long votre carrière. Vous ne pourrez jamais intégrer les connaissances de tous les secteurs de l'entreprise. Si vous payez des employés tous les jours pour leur travail, c'est parce qu'ils disposent des compétences requises pour le faire, compétences que vous ne possédez pas, faute d'avoir suivi le même parcours qu'eux. Votre objectif est effectivement de posséder l'expérience nécessaire pour travailler dans l'entreprise, mais pour un poste en particulier seulement. D'ailleurs, on ne vous demandera pas de connaître parfaitement le travail de chacun. On s'attendra peut-être à ce que vous en sachiez les grandes lignes, soit le rôle de l'employé, son importance, ses défis, ses problématiques, mais on ne s'attendra pas à ce que vous soyez en mesure de le remplacer. Si vous pouviez occuper tous les postes en même temps et très efficacement, vous n'auriez pas d'employés!

Étudions un exemple :

Votre entreprise familiale est une entreprise qui fabrique des gâteaux industriels. Dans les équipes d'ouvriers, vous avez probablement des pâtissiers qui s'occupent de faire les préparations à gâteaux. Pendant votre formation initiale, vous passerez probablement du temps avec les pâtissiers afin de discuter avec eux, d'observer leur travail et peut-être de les aider. En les observant, vous vous rendrez probablement compte de leur rapidité d'exécution. En leur parlant, vous découvrirez qu'ils travaillent parfois si machinalement qu'ils peinent à expliquer pourquoi ils effectuent tel geste, ou encore qu'ils sont en mesure de vous donner les quantités exactes de certains produits. Vous apprendrez qu'un de leur défi quotidien est de porter les sacs de farine de plusieurs kilos du stockage à la salle de fabrication.

Grâce à cette expérience, vous intégrerez un certain savoir (informations, données, connaissances), mais vous ne pourrez certainement pas développer de savoir-faire ou de savoir-être puisque vous n'aurez pas effectué les tâches suffisamment longtemps. Il faudrait sans doute encore quelques mois pour que "pâtissier" soit ajouté à vos compétences personnelles.

Vous l'aurez compris, vous ne pourrez pas ajouter tous les métiers de l'entreprise à votre fiche de compétences. En tant que nouveau membre, vous avez surtout besoin de comprendre le fonctionnement de l'entreprise et de connaître les enjeux de chaque secteur et employés. Évidemment, si votre entreprise est composée d'une centaine de secteurs et de milliers d'employés, il vous sera impossible de faire le tour de toutes les personnes et de tous les secteurs avant de commencer à travailler. Dans ce cas, essayez simplement d'étudier les différents secteurs qui existent sans toutefois entrer en profondeur. Selon la taille de l'entreprise, cette phase d'observation ou d'étude à distance peut donc prendre plus ou moins de temps. Lorsque vous démarrez dans l'entreprise, vous pouvez prévoir une période pour simplement observer et analyser chaque rôle. Cela donnera aussi l'occasion aux différents employés de vous connaître. Par ailleurs, ils aimeront le fait que vous vous intéressiez à eux et à leur travail.

L'apprentissage des différents métiers de l'entreprise, même en surface, est essentiel pour y travailler et encore plus si vous souhaitez reprendre l'entreprise par la suite. Imaginez que vous acceptez la commande d'un client qui demande quatre fois plus de gâteaux que d'habitude dans la même limite de temps, mais que vous ne connaissez pas les capacités techniques de l'usine et celles des employés qui y travaillent. Vous rencontrerez certainement quelques problèmes à livrer cette commande à temps. Le retard que vous prendrez engendrera des coûts financiers pour votre client, en plus de le rendre mécontent et de lui donner une mauvaise image de votre entreprise. À l'interne, des tensions risquent de se créer entre les ouvriers et la direction. Les ouvriers devront travailler plus fort et sous pression, ce qui peut provoquer des blessures et rendre les ouvriers indisponibles.

Évidemment, tout cela peut être évité en prenant le temps d'étudier le travail des employés et leurs capacités de production. Acceptez le fait que ces personnes en sachent plus que vous sur leur travail, communiquez avec elles et laissez-les vous en apprendre plus sur leur métier. Vous vous donnerez ainsi tous les outils pour réussir.

Lorsqu'on met les pieds dans l'entreprise pour la première fois, il est très difficile d'évaluer ses capacités et de savoir ce qu'on est en mesure d'apporter à l'entreprise. Tout cela est normal. Cela fera partie de vos apprentissages tout au long de votre processus d'intégration et après, pendant la phase de reprise. Au fur et à mesure, vous découvrirez vos forces et vos faiblesses, ce que vous aimez faire et ce que vous n'aimez pas faire. Vous prendrez votre place et affirmerez votre utilité, vis-à-vis de vous-même et de vos parents.

Tout au long de cette aventure, n'oubliez pas que vous êtes une personne à part entière avec ses idées, ses ambitions, ses forces et ses faiblesses, même si vous êtes le fruit de la relation entre vos parents. Il est peu probable que vous ayez les mêmes façons de faire que vos parents et encore moins les mêmes compétences, et c'est bien normal. Rappelez-vous simplement que vous ne possédez pas non plus les mêmes expériences qu'eux. Peut-être avez-vous fait des études et eux, non. Peut-être ont-ils eu une expérience de travail avant de créer leur entreprise ou de reprendre celle de leurs parents, tandis que vous avez décidé de vous lancer sans n'avoir jamais travaillé ailleurs. Tous les scénarios sont possibles. Et toutes ces expériences ont participé, pour eux comme pour vous, à forger des apprentissages spécifiques qui vous permettent d'avoir les compétences que vous avez aujourd'hui. Il faut voir la différence entre vos parents et vous-même comme une chance de vous compléter les uns les autres et d'apporter quelque chose de nouveau à l'entreprise. Et à moins que vous soyez complètement à côté de la plaque, il n'y a jamais qu'une seule façon de faire les choses pour arriver au même résultat. Vos solutions sont donc tout aussi légitimes que celles de vos parents. Du moment que vous comprenez le fonctionnement de l'entreprise, ses enjeux, et que vous êtes conscient(e) des risques que vous prenez, vous pouvez réussir autrement que vos parents sans que cela porte préjudice à l'entreprise.

Évidemment, il n'est pas facile d'imposer de nouvelles façons de faire à ses parents qui travaillent depuis des années dans l'entreprise et qui ont appris suite à de mauvaises expériences. Ils ont souvent l'impression que comme leur solution fonctionne depuis des années, elle représente la bonne façon de faire. Pour leur faire comprendre que d'autres solutions aussi bonnes sont possibles, vous devrez donc faire preuve de patience et de stratégie en apportant vos idées comme des suggestions que vous voudriez tester dans le cadre de votre apprentissage. Présentez votre projet et discutez-en avec eux en demeurant ouvert(e). S'ils vous démontrent logiquement que votre projet ne peut pas fonctionner, ne vous bornez pas à mettre en place quelque chose qui a de fortes chances d'échouer. En revanche, s'ils se montrent plutôt simplement réticents à prendre un risque mesuré, essayez de trouver des solutions pour minimiser les risques. Présentez-leur votre projet comme une occasion pour vous de faire vos preuves et de prouver à toute l'entreprise et à vous-même de quoi vous êtes capable. Cela dit, il est inutile de s'énerver et de provoquer un conflit. Créer un nouveau projet doit-être, peu importe sa taille, une aventure excitante vouée à l'amélioration d'un aspect de l'entreprise. Si vous améliorez une facette, mais que vous abîmez votre relation avec vos parents au passage, la valeur de votre idée sera moindre.

Quoiqu'il en soit, retenez simplement que vous êtes différents de vos parents et que, par conséquent, votre méthode de gestion sera différente de la leur, ce qui ne constitue pas un problème. Vous développerez des compétences qui correspondent à votre personnalité et c'est ainsi que vous marquerez l'histoire de votre entreprise familiale.

Les perspectives

Dans une famille en affaires, vous pouvez espérer une motivation au travail plus élevée qu'ailleurs. La motivation au travail dépend principalement de cinq facteurs : la rémunération, le contenu de votre poste, les conditions de travail, les relations au travail et le statut. Puisque l'humain est au cœur de l'entreprise familiale, votre rémunération, vos avantages sociaux et vos conditions de travail ont également de fortes chances d'être plus élevés que chez la concurrence. Si vous le souhaitez, votre poste peut être fait sur mesure et vous pourrez alors pleinement vous épanouir au quotidien avec des tâches qui vous ressemblent. Puisque vous travaillerez en famille, vos relations au travail seront, la majeure partie du temps, épanouissantes et heureuses. Enfin, en tant que membre de la famille, vous aurez un statut privilégié dans l'entreprise dès votre arrivée.

Le tableau dressé ici est très général et peut, bien sûr, varier selon les entreprises et vos attentes dans chacun des domaines. Tous ces aspects ne seront pas satisfaits de façon égale en tout temps non plus. Il arrivera que vous viviez des périodes où vos relations au travail ne seront pas satisfaisantes ou bien que vous travailliez sur un projet qui vous plaît moins. Mais de façon très globale, et en évaluant ces critères sur l'étendue de votre carrière dans l'entreprise familiale, les différents aspects pourront certainement tous être satisfaits et de manière significative. Si vous êtes motivé(e) à donner le meilleur de vos capacités et de vos compétences, votre intégration tout comme votre carrière pourraient constituer des réussites plus grandes que vous ne l'espérez.

Si vous rejoignez l'entreprise familiale en tant que membre de la famille, vos perspectives professionnelles concernant le poste et le salaire peuvent être élevées. Si vous en avez envie et que vous travaillez fort, vous pourriez éventuellement arriver à la place de vos parents et reprendre l'entreprise. Bien sûr, ce n'est pas l'objectif de tout le monde. Vous pouvez très bien vouloir entrer dans l'entreprise familiale sans vouloir nécessairement la reprendre. Il est tout à fait possible de s'épanouir dans une activité bien spécifique de l'entreprise et de vouloir y rester sans espérer grimper les échelons supérieurs de la hiérarchie. L'idée générale, c'est que vous trouviez votre place et que vous soyez bon dans ce que vous faites. Peu importe la place que vous visez, vous devez donc vous demander si ce poste peut vous permettre de participer au mieux à la pérennité de l'entreprise.

Tout le monde ne *veut* pas diriger une entreprise. En revanche, tout le monde *peut* diriger une entreprise à condition de développer un certain savoir : soit un savoir-faire et savoir-être. Cela fait partie des apprentissages dont nous avons parlé plus tôt dans ce chapitre. Pour développer un savoir, par exemple, vous pouvez acquérir un minimum de connaissances sur chaque domaine d'activités de l'entreprise même s'ils ne vous intéressent pas. Pour développer un savoir-faire, vous pouvez apprendre à lire des bilans financiers dans le but de proposer des stratégies pour améliorer la santé financière de l'entreprise. Pour développer votre savoir-être, vous pouvez commencer par développer vos habiletés politiques, comme nous l'avons vu dans le chapitre

3, afin de ne pas mélanger les conflits privés et les conflits professionnels dans l'entreprise.

Comme vous le voyez, toutes ces compétences se développent et n'importe quel humain est capable de les apprendre. Évidemment, cela demandera du temps, de l'expérience et vous ferez certainement des erreurs avant d'arriver à les maîtriser même partiellement. Mais si vous êtes motivé(e) à reprendre l'entreprise, vous arriverez à développer toutes les compétences nécessaires pendant votre apprentissage. Ce sera difficile, cela demandera beaucoup de travail, mais si vous fournissez les efforts nécessaires et que vous êtes prêt(e) à apprendre, vous pourrez éventuellement occuper le poste qui vous intéresse.

Vous avez la chance d'être dans la course à la direction depuis votre naissance. À l'image des rois de France, votre place est gardée pour vous. Mais, contrairement aux rois, vous avez le choix de l'accepter ou pas et personne ne peut vous reprocher de ne pas la vouloir. C'est une chance; pas une obligation. Et si ce n'est pas votre objectif professionnel d'en arriver là, si vous avez d'autres projets ailleurs ou à l'interne, vous avez le droit de poursuivre vos objectifs. Si vous n'êtes pas heureux dans votre travail, quel qu'il soit, vous ne serez pas performant et causerez éventuellement du tort à votre équipe, à vous-même et, dans le cas de l'entreprise familiale, à votre famille.

Sachez par ailleurs qu'il existe probablement des directeurs dans chaque secteur de l'entreprise et que, si un domaine en particulier vous intéresse, vous pourriez très bien envisager de devenir chef de secteur. Si aucun secteur ne vous intéresse, mais qu'un projet évolutif vous anime, vous pourriez plutôt devenir chef de projet. Selon la taille de l'entreprise, il existe plusieurs avenues indépendantes de la direction, et vous trouverez peut-être votre bonheur dans cet entre-deux. Gardez l'esprit ouvert, observez et demandez aux personnes concernées de vous montrer ce à quoi elles occupent leurs journées. Elles seront sans doute valorisées que vous vous intéressiez à elles et à leur travail et se feront un plaisir de vous renseigner. Si le projet ou le secteur dans lequel vous aimeriez travailler n'existe pas, créez-le! C'est ce qu'on appelle de l'intrapreneuriat*. Si votre projet correspond au secteur d'activité de l'entreprise familiale et qu'il peut lui ajouter de la valeur, pourquoi pas ne pas tenter le coup? C'est grâce à ce genre d'initiative que des entreprises grossissent et prennent de la valeur. Montez bien votre projet et présentez-le à vos parents. S'ils perçoivent votre enthousiasme et qu'ils évaluent que les risques sont minimes, ils accepteront peut-être que vous mettiez votre projet en place!

> ***Définition – *Intrapreneuriat* :** action d'entreprendre ou de monter un projet à l'intérieur d'une entreprise.

L'objectif final est que vous vous trouviez un rôle dans l'entreprise, qui corresponde à votre personnalité et à vos ambitions professionnelles. Peut-être passerez-vous par différents postes que vous aimerez moins avant de réellement trouver votre place. N'abandonnez pas, une multitude d'opportunités s'offrent à vous. Vos objectifs pourraient aussi changer au fil du temps, vous amenant dans des directions inattendues! Gardez l'esprit ouvert tout au long de votre intégration et du processus de relève. Il n'est jamais trop tard pour se découvrir des passions, peu importe votre âge.

En conclusion, tout le monde n'est pas fait pour reprendre une entreprise, mais tout le monde peut avoir sa place dans l'entreprise familiale.

Conclusion

Ce livre a pour objectif de vous apporter des pistes de réflexion pour vous amener à décider si rejoindre l'entreprise familiale serait une bonne solution pour vous. Comme tout projet, il y a des avantages et des inconvénients à travailler dans une entreprise familiale, nous en avons fait plus ou moins le tour. Votre choix se basera sur votre capacité à faire abstraction de l'un ou de l'autre. À la lumière des informations qui vous ont été transmises au fil de ces pages, voyez-vous plus d'avantages ou plus d'inconvénients?

Au bout du compte, vous serez la seule personne capable de dire si ce projet vous correspond ou pas. N'oubliez pas que peu importe les volontés de vos parents, la décision que vous prendrez au bout de l'aventure vous appartient et devrait vous rendre heureux. La pire chose que vous pourriez faire, pour vous-même et pour vos parents, serait de prendre une décision qui ne vient pas de votre cœur. En embarquant à contrecœur dans un projet qui ne vous emballe pas, vous arriverez sans doute à cacher votre malheur pendant un bout de temps, mais des tensions entre vous et vos parents finiront inévitablement par ressurgir. Cette situation ne profiterait évidemment à personne.

En revanche, il est aussi possible que même avec la meilleure volonté du monde, votre intégration ne fonctionne pas. Ce n'est pas facile de travailler en famille. Vos parents peuvent se *dire* prêts sans se *sentir* prêts à vous intégrer. Les parents associent souvent la venue de leurs enfants dans l'entreprise familiale à leur propre retrait de celle-ci. Ils commencent à penser à ce qui les attend « après l'entreprise » sans nécessairement le vouloir et voient aussi la retraite approcher à une vitesse qui ne leur plaît pas toujours.

Ils traverseront toute une gamme d'émotions pendant votre intégration, ce qui peut, selon leur personnalité, altérer vos relations. Il ne pourrait s'agir que de tensions normales et superficielles qui s'atténueront avec le temps, mais des disputes plus profondes pourraient aussi éclater, causant le bris du contrat moral que vous aviez avec eux. Et cette rupture entraînerait, bien évidemment, la fin de votre intégration et du projet de repreneuriat.

Malheureusement, ce sont des choses qui arrivent même lorsque l'on est habité des meilleures intentions; d'où l'importance de bien gérer les émotions qui surviennent en cours de route avant qu'elles n'explosent et nuisent au projet. Le meilleur moyen d'y parvenir reste la communication. Il faut parler avec vos parents et ne pas hésiter à vous montrer vulnérable, d'un côté comme de l'autre. Vous pouvez aussi embaucher une personne externe, un médiateur, comme pour le conseil de famille, afin d'apaiser les tensions, de favoriser une saine communication et de vous guider dans le processus.

Un événement externe, comme une crise économique, peut aussi déstabiliser le processus de votre intégration en causant une perte économique pour votre entreprise ou même sa fermeture. Évidemment, ces scénarios catastrophes sont des cas isolés, mais il importe tout de même de mentionner les risques internes et externes qui pourraient contrecarrer vos plans. Il existe d'autres risques qui peuvent influencer votre parcours, par exemple, une personne de la famille qui ne veut pas que vous rejoigniez l'entreprise, ou encore votre licenciement de celle-ci.

Réfléchissez aux autres risques auxquels vous êtes susceptible de faire face dans votre entreprise. Vous pourrez ainsi trouver des solutions pour diminuer ces risques avant de prendre ou d'annoncer votre décision.

Rappelez-vous qu'il existe toujours une solution à votre problème. Soyez créatif et profitez de chaque moment; c'est une belle aventure familiale qui se dessine devant vous.

Remerciements

À Mathilde Rossi, ma meilleure amie et mon plus grand soutien depuis 15 ans dans toutes mes idées et mes projets. Je te souhaite la meilleure des réussites à New York !

À mes amies et mon équipe de prélancement, Liora Lehmann, Elise Priolet, Lara Pegliasco et Julie Perronnet qui ont tout fait pour m'aider à concrétiser ce projet, en unissant leurs talents et leurs forces. Je suis très reconnaissante de pouvoir compter ces femmes fortes et indépendantes comme mes amies.

Un merci tout particulier à Liora Lehmann pour la conception de la couverture du livre. Merci pour ton écoute et ta patience.

Un grand merci à mon éditrice Elyzabeth Martel-Choinière pour le travail incroyable qu'elle a fait sur le livre, pour ses conseils précieux et son honnêteté.

Un immense merci à toute l'équipe de Familles en Affaire HEC Montréal et à ses propulseurs pour la création du programme : Circuit – Sur la voie de la Relève. Un merci particulier à Mélissa Laflamme-Ouellet et Annie Veilleux pour l'animation des rencontres et leur précieux soutien. Sans ce programme, je n'aurais jamais eu l'idée de ce livre et ma carrière aurait sûrement pris un autre chemin.

Un merci tout particulier à Luis-Felipe Cisneros, directeur scientifique du Pôle entrepreneuriat, repreneuriat et famille en affaires, et professeur titulaire d'entrepreneuriat à HEC Montréal de m'avoir poussée à m'inscrire et d'avoir pris de son temps pour apporter des modifications à mon manuscrit.

Un grand merci à mon groupe de mentorat du Réseau M, à ma mentore, Louise Lefebvre pour ses conseils avisés et à mes camarades Katia, Stéphanie et François, pour leur partage et leur franchise.

Merci à ma famille de m'avoir inspirée.

Merci à toutes les personnes qui ont partagé ce livre pour me soutenir.

Merci à vous lecteur, merci d'avoir choisi ce livre et d'avoir gardé l'esprit ouvert à l'entreprise familiale.

Votre aide-mémoire pratique

Maintenant que vous avez terminé la lecture de ce livre, vous devriez connaître les trois grandes étapes du processus décisionnel qui vous amènera à déterminer si l'entreprise familiale est faite pour vous ou non, à savoir : l'entreprise elle-même, la famille et vous. Il se peut toutefois que les différents sujets et thèmes qui ont été abordés au fil des pages vous aient rendu(e) quelque peu fébrile quant à la démarche que vous devez maintenant entreprendre pour réaliser votre projet. C'est normal! Pour vous accompagner dans votre processus décisionnel, armez-vous de cet aide-mémoire pratique et suivez les étapes dans l'ordre. Je vous invite même à le détacher du livre pour vous y référer plus facilement tout au long de l'aventure.

Bon courage et, surtout, amusez-vous!

1. Faites vos recherches sur l'entreprise

La première étape dans votre processus de questionnement est d'abord de vous renseigner un minimum sur l'entreprise. De quelle industrie fait-elle partie? Que vend-elle? De quel type d'entreprise s'agit-il? Comment fonctionne-t-elle?

Dans cette première étape, inutile d'aller trop loin en faisant une analyse complète. Vous découvrirez tous les détails du fonctionnement petit à petit. Faites vos recherches comme si vous deviez passer un entretien d'embauche tout en sachant que vous pourrez poser toutes les questions que vous voulez pendant votre intégration. Pour trouver les informations dont vous avez besoin pour démarrer, vous pouvez consulter le site internet de votre entreprise, c'est une excellente base pour vos premières recherches. Si votre entreprise n'a pas de site internet ou qu'il ne contient pas beaucoup d'informations, votre seule solution sera de poser directement les questions à vos parents. Vous devrez nécessairement avoir une conversation avec eux à un moment donné, soit à l'étape 3. Si vous parvenez cependant à recueillir suffisamment d'informations par vous-même, vous pouvez tout de suite passer à l'étape 2 en effectuant les exercices. Vous aborderez tous les détails de l'entreprise en profondeur à l'étape 3.

2. Dessinez votre modèle des 3 cercles

Nous avons exploré le modèle des 3 cercles dans les premiers chapitres de ce livre et vous avez peut-être déjà fait l'exercice pendant votre lecture. Si c'est le cas, vous pouvez toujours le reprendre ou le revoir. Après la lecture intégrale de ce livre, vous avez acquis une compréhension plus complète de l'environnement d'une famille en affaires et vous vous rendrez peut-être compte que votre modèle nécessite des modifications. Si vous n'avez pas encore construit votre modèle des 3 cercles, c'est le moment de le faire. Rappelez-vous que le modèle est constitué de 3 cercles superposés, représentant les différents environnements d'une famille en affaires. Le premier représente la famille, le deuxième l'entreprise et le dernier, la propriété. Le but de l'exercice est de noter les noms des personnes concernées dans les cercles correspondants. Si des personnes sont impliquées dans plusieurs cercles, vous devez les placer à l'endroit où les cercles se chevauchent. À la fin, votre modèle doit vous donner une idée des différents acteurs connectés à l'entreprise familiale et des liens qui les unissent. Cet exercice vous aidera énormément à comprendre l'environnement d'affaires et à voir où se trouvent les défis et les occasions pour votre intégration.

3. Ayez une conversation avec vos parents

C'est probablement l'étape la plus importante et la plus terrifiante : vous devez parler à vos parents de votre projet de rejoindre l'entreprise familiale. Que ce soit pour venir observer afin d'en apprendre plus ou pour reprendre l'entreprise, parler de votre intérêt au cours d'une conversation planifiée est primordial. Si vous ne parlez pas à vos parents, vous ne pourrez tout simplement pas progresser dans votre projet. Cette conversation est donc importante parce que c'est la première que vous entreprendrez avec vos connaissances et votre volonté en tête, mais aussi parce que vous devrez poser toutes les questions pour lesquelles vous n'avez pas de réponses. Vous vous retrouverez dans une position de vulnérabilité, ce qui n'est jamais très agréable, mais rappelez-vous que votre destin repose sur l'issue de cette conversation avec vos parents. Sans leur accord, votre projet tombe à l'eau. Soyez rassuré(e), à moins de circonstances exceptionnelles, il y a peu de chance que vos parents vous disent non. Montrez-vous toutefois patient(e). Ils ne sauteront peut-être pas de joie immédiatement. Cette conversation, si c'est la première que vous avez à ce sujet, pourrait les surprendre et ils auront sûrement besoin de temps pour assimiler l'information et comprendre ce que cela signifie pour eux.

4.   Passez une journée dans l'entreprise

Si la conversation s'est bien passée, peut-être avez-vous réussi à demander de venir passer une journée avec vos parents sur le terrain, s'ils ne l'ont pas proposé d'eux-mêmes. Quoiqu'il en soit, passer une journée, une semaine ou quelques jours par mois dans l'entreprise est nécessaire pour en comprendre les activités journalières. Si vous êtes toujours en train de vous demander si vous aimeriez travailler dans l'entreprise familiale, cette étape est décisive. En visualisant quotidiennement les activités de vos parents et des employés, vous serez plus à même de savoir si vous pourriez avoir votre place dans l'entreprise. Si vous savez déjà que c'est ce que vous souhaitez, prendre quelques jours pour observer avant de vous lancer peut vous aider à prendre du recul. C'est peut-être votre dernière chance de voir l'entreprise d'un œil externe, alors prenez des notes sur ce que vous voyez, ce que vous aimeriez améliorer, changer ou ajouter. Ces notes pourront toujours vous être utiles pour créer des projets pendant votre processus d'intégration. C'est ce qui vous aidera à faire votre place et à apporter votre propre culture dans l'entreprise, et, plus tard, à faciliter le processus de relève.

5.   Posez-vous les bonnes questions

Après toutes ces étapes, vous devez avoir assez de connaissances pour savoir si vous voulez intégrer l'entreprise familiale ou pas. Bien sûr, vous aurez encore quelques interrogations, peurs ou doutes avant de vous lancer complètement, mais peut-être déciderez-vous de faire un essai sur une courte période. Rien ne vous empêche de commencer par un stage ou un travail d'été, mais sachez que vous devriez quand même tenter une période d'essai dans l'entreprise, surtout si vous ressentez encore des doutes. Lorsque vous déciderez de rejoindre l'entreprise et que vous prendrez cet engagement auprès de vos parents, vous signerez ensemble un contrat moral qui vous engagera, vos parents et vous-même, à vous investir dans l'aventure pour que cela soit une réussite. Les enjeux sont grands, vous devrez faire tous les efforts nécessaires auprès de vos parents pour que cette intégration fonctionne et ils devront faire de même. Et puisque les enjeux seront grands, les déceptions le seront tout autant. Ménagez-vous et ménagez votre famille. Vous n'êtes pas obligé(e) de rejoindre l'entreprise familiale, quoi qu'on vous dise.

Il existe toujours des solutions de rechange, et la décision vous appartient au bout du compte. Si, à la suite de votre période d'essai, vous vous rendez compte que de rejoindre l'entreprise familiale ne vous intéresse pas ou plus, informez-en vos parents et passez à autre chose, mais ne faites pas semblant.

Annexe : Les différents statuts juridiques d'entreprises en France[22]

	Associé(s)	Dirigeant(s)
Entreprise individuelle (EI) Entreprise individuelle à responsabilité limitée (EIRL)	L'entrepreneur individuel	L'entrepreneur individuel
Entreprise unipersonnelle à responsabilité limitée (EURL)	Une personne physique et morale	Un ou plusieurs gérants (personnes physiques)
Société à responsabilité limitée (SARL)	2 à 100 personnes physiques ou morales	Un ou plusieurs gérants (personnes physiques)
Société anonyme (SA)	Au minimum 2 personnes physiques ou morales (ou 7 pour les sociétés cotées en bourse)	Un conseil d'administration de 3 à 18 membres, avec un président désigné parmi eux
Société par actions simplifiées (SAS) Société par actions simplifiée	Au minimum une personne physique ou morale	Un président (personne physique ou morale), obligation d'un représentant légal

---

[22] Bercy Info, *Quel Statut juridique choisir pour son entreprise?*, Ministère de l'économie des finances et de la relance, 2019, [En ligne], adresse URL : https://www.economie.gouv.fr/entreprises/entreprise-choisir-statut-juridique#

unipersonnelle (SASU)		
Société en nom collectif (SNC)	Au minimum 2 personnes physiques ou morales	Un ou plusieurs gérants (personnes physiques ou morales)
La société coopérative de production (SCOP)	Les salariés de l'entreprise (à hauteur minimale de 51 % du capital) et éventuellement des investisseurs extérieurs	Un dirigeant ou gérant élu par les associés majoritaires
Société en commandite par actions (SCA)	Au minimum 4 associés, dont 1 commandité et 3 commanditaires	Un ou plusieurs gérants (personnes physiques ou morales) nommé(s) par le(s) commandité(s)
Société en commandite simple (SCS)	Au minimum 2 associés dont 1 commandité et 1 commanditaire	Un ou plusieurs gérants (personnes physiques ou morales) nommé(s) par le(s) commandité(s)

Bibliographie

Ouvrages de référence

BEAUCAGE, C., PARÉ-JULIEN, D., *Le petit guide de la famille en affaires – Le conseil de famille*, Éditions JFD, Montréal, 2020, 40 p.

Circuit – Sur la voie de la relève, « La gouvernance », [notes prises dans le cadre du programme Le Circuit], HEC Montréal, Montréal, février 2020

CISNEROS, L., *La Gouvernance*, Circuit – Sur la voie de la relève, présentation PowerPoint, HEC Montréal, 2020

CISNEROS, L., HAMON, G., VEILLEUX, A., GUILIANI, F., IBANESCU, M., *L'album de familles — enquête statistique sur les entreprises familiales québécoises 2020*, Familles en affaires — HEC Montréal, 2021

COLLINS, Jim, *Built to Last : Successful Habits of Visionary Companies*, 3e éd., New York, Harper Business, 1994, 368 p.

DAVIS, J., TAGIURI, R., *The Influence of Life Stages on Father-Son Work Relationships in Family Companies*, Unpublished manuscript, Graduate School of Business Administration, University of Southern California, 1982, 924 p.

KENYON-ROUVINEZ, D., WARD, J. L., *L'importance de la gouvernance familiale et de la gouvernance entrepreneuriale*, dans *Les entreprises familiales*, Presses Universitaires de France, 2004, 127 p.

LAINEY, P., *Les habiletés politique*, Circuit – Sur la voie de la relève, présentation PowerPoint, HEC Montréal, 2020

WHITESIDE, M., ARONOFF, C., WARD, J., *How families work together*, 2e éd., Family Business Consulting Group Publications, New York, 1993, 99 p.

Sites internet

Assistant-Juridique, *Est-il préférable de vendre ou de donner l'entreprise à ses enfants?*, 2021, [En ligne], adresse URL : https://www.assistant-juridique.fr/vente_donation_entreprise_enfants.jsp

BASSETT ET FORBES, *The Economic Impact of Family-Owned Enterprise in Canada*, 2019, [En ligne], adresse URL : https://familyenterprise.ca/wp-content/uploads/2020/01/CBOC-2019-Family-Owned-Enterprises-Impact-Report.pdf

Bercy Info, *Quel Statut juridique choisir pour son entreprise?*, Ministère de l'économie des finances et de la relance, 2019, [En ligne], adresse URL : https://www.economie.gouv.fr/entreprises/entreprise-choisir-statut-juridique#

COLLINS, J., *Vision Framework*, JimCollins.com, 2001, [En ligne], adresse URL : https://www.jimcollins.com/tools/vision-framework.pdf

Familles en Affaires, *Circuit – Sur la voie de relève*, Famille en Affaires, HEC Montréal, 2021, [En ligne], adresse URL : https://famillesenaffaires.hec.ca/circuit/#_circuit-programmation-anchor

Familles en Affaires, HEC Montréal, 2021, [En ligne], adresse URL: https://famillesenaffaires.hec.ca/

KINDERMANS, M., *BPI France se mobilise pour la survie des entreprises familiales*, Les Échos, 2020, [En ligne], adresse URL: https://www.lesechos.fr/pme-regions/actualite-pme/bpifrance-se-mobilise-pour-la-survie-des-entreprises-familiales-1162454

Québec, *Démarrer votre entreprise*, Registraire des entreprises Québec, 2017, [En ligne], adresse URL : http://www.registreentreprises.gouv.qc.ca/fr/demarrer/constituer-pmsbl.aspx

RASMUS, D. W., *Defining your company's Vision*, Fast Company, 2012, [En ligne], adresse URL : https://www.fastcompany.com/1821021/defining-your-companys-vision

Table des matières

MERCI

d'avoir acheté mon livre

N'hésitez pas à laisser un avis sur Amazon et à rejoindre la communauté des travailleurs en famille sur Facebook :